JN409462

하늘밥

'하늘밥'이란 숲과 물과 공기와 바람들이 어우러져서 만들어지는 순수한 것들. 인공 감미료 같은 것들을 넣어 만든 것이 아닌, 그냥 있는 그대로의 것들로 조금은 어설프고 거칠어도 정감이 가는 것을 상징하는 말이다.

하늘밥

김재희 수필집

수필과비평사

머리말

산바람 맛을 알게 되면 세상이 작아 보입니다. 발아래로 보이는 세상이 참으로 다정해 보이기까지 합니다. 늘 뒤처지기만 해서 세상이 버거운 나에게는 마음 정리하기에 정말 좋은 곳이지요. 그러나 나에게 산은 가까이 대하기 어려운 정점이었습니다.

그래도 도전했습니다. 주의 사람들의 염려와 걱정을 뒤로하고 무작정 산을 타기 시작했습니다. 뒤따르는 위험들이랑 신의 영역에 맡기고 말입니다. 운 좋게도 아직까지는 멀쩡하지만 산에 오를 때마다 마지막이라는 단서를 붙이고 시작합니다. 그 일이 마지막이 된다면 마음껏 즐겨야겠다고 생각했습니다.

그러면서 터득한 것이 있습니다. 산다는 것은 항상 마지막이라는 순간의 연속이더군요. 오늘도 내일도 내가 하는 일, 나에게 처한 일들이 마지막일 테니 성의를 다해 보내자고 생각합니다.

그중에 하나가 지금 글 쓰는 일입니다. 이제 내 삶의 후반기에 들어서는 현재 내가 하는 일이란 글 쓰는 일이 가장 큰 비중을 차지합니다. 그러니 그 일에 충실하려고 합니다. 그동안 컴퓨터 한구석에서 잠자고 있는 내 글들에 빛을 보게 해 주는 것도 지금 해야 하는 일인 듯싶습니다.

조금 모자라면 모자란 대로, 그 본연의 맛을 살리려고 애쓴 글들입니다. 한 번쯤 선보였던 글들이지만 다시 한 번 세상에 내보입니다. 단 한 편이라도 누군가의 가슴에 들어 앉아 또 다른 빛을 받는 글이 되었으면 참 좋겠습니다.

마음으로 도와준 모든 분들께 감사 인사드립니다.

2019년 8월

김재희(본명 김재규)

차례

2부

3부

4부

5부

산행일지

백두대간을 걸으며
(지리산 천왕봉 → 덕유산 신풍령)

1부

외나무다리에서 강물의 속살을 훔쳐본다. 물살을 타고 떠내려가다 멈추고 다시 떠내려가는 모래알들. 서두르지도 거칠지도 않는 느긋한 물살이 모래사막 바람처럼 모래알을 나른다. 은빛 햇살의 놀이터를 만들고 마을을 휘돌아 모래섬을 만든다. 급하고 강하지 않아도 아름다움은 이루어진다.

– 영주 무섬마을에서

송림원松林園

자근자근 내리는 빗속으로 빨려들 듯이 걸어 들어갔다. 향이 먼저 알고 마중을 나온다. 코끝을 살짝 어루만지더니 이내 온몸으로 스며든다. 내가 봐야 할 것의 실체를 보기도 전에 향에 취해서 아늑해져 버렸다. 몽롱해진 사지가 흐느적거리듯 끌려갔다.

우람한 소나무 사이로 짙은 안개가 서려 있어 마치 환

상의 나라에 온 듯싶다. 희뿌연 안개는 나무와 나무 사이를 매끄럽게 연결하는 윤활유였다. 이 나무 건너 저 나무가 연결되어 있어 모든 나무가 모두 한 뭉치로 어우러져 있다. 여러 개가 하나인 듯 밀착되어 한 덩어리로 보였다. 그 넓은 공간이 한 덩어리라니. 그리고 그 공간에 오롯이 혼자 서 있다니. 그야말로 감미로운 순간이다.

소나무 껍질 사이로 물기가 좔좔 흘러내려 수북이 쌓인 솔가리 속으로 스며든다. 가늘디가는 솔가리들이 저마다 품을 수 있을 만큼의 물기를 품고 잘박거린다. 내딛는 발걸음 걸음마다 품었던 물기를 내어주고 또 다른 물기를 팽팽하게 빨아들인다. 빨아들인 만큼 뿜어져 나오는 무한한 향. 넓은 솔밭 사이를 헤매는 발걸음 수만큼 퍼져나가는 향의 농도가 깊어간다. 그 무엇과도 바꾸고 싶지 않은 황홀함이다.

갈라진 소나무 껍질을 자세히 들여다보니 군데군데 아주 작은 이끼들이 자리를 틀고 있다. 잘 보이지 않는 곳에서도 생명은 꿈틀대고 있었구나. 저 자리를 만들기까지 얼마의 시간이 걸렸을까. 손톱으로 깔짝거리면 뚝 떨어져

나올 법한 표피 조각들이 이끼로 점령당하고 있다. 소나무 밑동에 피어난 이끼가 세월을 알려 준다든가. 까무잡잡한 껍질을 에워싸는 이끼의 면적으로 소나무의 연륜을 가늠해 본다. 가만가만 더듬어 보는 손바닥 피부 틈새로 나무의 연륜을 느껴본다. 연륜이란 그저 지나가는 시간만으로 이루어지는 것이 아니리라. 자신의 존재 속에 다른 존재들을 담아 둘 수 있는 품을 갖추어야 할 것이다. 누군가와 부대끼며 토닥거리다가도 한속으로 어우러져야 하는 너른 품. 손바닥을 펴서 내 품의 넓이를 가늠해 보다가 접고 만다.

이끼 사이로 송진도 자리다툼을 하고 있다. 소나무 덩치에 비해 그리 많지 않은 양이다. 어쩌면 이끼보다는 송진이 덕지덕지 붙어 있어야 소나무답지 않을까. 울퉁불퉁 굴곡진 송진 덩어리의 거친 맛이 소나무 상징일 듯싶다. 한 방울 한 방울 방울져 모아졌다 덩치를 만들어 가는 끈기로 자신의 존재감을 만들어 가는 과정이 특별하다. 그 옛날엔 송진이 불 밝히는데 한몫을 했다. 방안에서도, 부엌에서도, 밤길에서도 어둠을 밀어내는 역할을 톡톡히 해

냈다. 하지만 이제 스위치만 누르면 대낮처럼 밝은 불빛 속에서 살다 보니 송진의 그런 가치는 희미해져 갔다. 그래도 그 진가를 아는 사람은 안다.

관솔은 품위와 향을 겸비한 예술작품으로 태어난다. 불그레한 색은 그 어느 색보다도 자연스러운 아름다움이 넘친다. 흐르는 물결처럼 부드러운 무늬들은 아련한 분위기를 풍기고 제 몸체가 다 닳아져 가도록 끊이지 않고 뿜어져 나오는 향은 긴 시간을 마다치 않는다. 관솔 한 줄기가 만들어 낸 색과 무늬와 향의 결합을 인간은 감히 흉내 내지 못하리라.

그런 결과가 나오기까지 소나무의 고충이 그려진다. 생을 다한 실체는 썩어 문드러져 없어지면서도 송진을 만들고 뭉쳐 낸다. 조그마한 티끌도 남기지 않으려고 불에 타고 남는 고통도 감수한다. 아무리 닳고 닳아도 향만은 잃지 않으려는 강직함을 품고 있다. 그렇게 탄생한 예술품이기에 더욱 빛나는 품격이다.

몇 백 년을 흘려보낸 후의 이 솔밭은 어떤 모습일까. 얼마나 많은 사람의 감성을 일깨워 주고 감탄을 끌어낼까.

한낮 100여 년을 못다 사는 인간들이 어찌 저들의 순수하고 영원한 품격에 이러쿵저러쿵 토를 달랴. 쥐어짜고 두들겨 맞추고 만들어 넣은 것들에 길들여지기 시작한 마음이 살짝 부끄러워진다.

자신을 스스로 버티게 해주는 지주 하나 없이 걸어온 먼 길. 이리저리 기울거리다 고꾸라져서 생긴 생채기들로 송진 같은 딱지가 생겼다. 그 딱지를 외면만 하고 살았던가. 어쩌면 관솔처럼 걸작을 만들어 볼 수도 있었을 텐데 말이다.

소나무 껍질 틈바구니에서 새어 나오는 향이 솔밭에 내려앉아 솔가리를 적시고 소나무 사이를 오락가락하던 육신이 솔밭에 주저앉아 마음을 적신다. 메말랐던 마음이 흥건해지고 흐물거리던 육신이 척추를 곧추세운다. 실로 오랜만에 꼿꼿한 자세로 발걸음을 떼 본다. 누가 감히 내 이 꼿꼿함을 일러 위선이라 할까. 비 오는 날 솔밭에 들러 튼실한 지주 하나 챙기고 돌아간다.

삶의 원천

'카톡!' 소리에 자울거리던 몸을 추스르고 보니 TV 화면 장면이 몇 컷 건너뛰었다. 내용인즉 무슨 전시장을 가 보자는 것이다. 피곤한 마음에 단번에 거절하고는 다시 소파에 누워 단잠을 청하려다가 '한국 산사의 단청 세계'라는 제목이 솔깃하여 전시실을 찾았다. 마침 운 좋게도 작가가 자리하고 있어서 사진들의 설명을 들을 수 있었다.

한국 산사는 종교를 떠나서 그 자체가 미술관이고 박물관이란다. 단청문양들은 장엄 예술로서 인류의 보편적 가치를 가진 것이라고 인정을 받아 2018년에 7곳(양산 통도사, 영주 부석사, 안동 봉정사, 보은 법주사, 공주 마곡사, 순천 선암사, 해남 대흥사)이 세계문화유산으로 등재되었다. 주로 그 산사들의 단청이나 벽화 사진 전시회다.

한국 산사 법당은 고구려 고분벽화, 고려 불화, 조선 민화로 이어지는 한국미술의 도도한 흐름이 계승되고 축적된 곳으로 전통성과 종합성을 갖추고 있어서 전통단청문양과 벽화, 조형의 보고라고 할 만하다는 작가의 말을 들으며 사진들을 관찰하였다.

참으로 오묘하고 아름다운 문양들이었다. 간혹 산사를 들러보면서도 곳곳에 그려진 그림들을 미처 보지도 못했을 뿐만 아니라 보고도 그 깊은 뜻을 헤아리지 못한, 그저 수박 겉핥기식이었구나 싶다. 좋은 화면을 얻기 위해, 인위적인 조명보다는 되도록 자연의 햇볕을 통해 촬영하겠다는 욕심으로 해의 고저에 맞춰 몇 번을 반복하면서

발이 부르트도록 찾아다녔단다. 작가의 그 열정에 존경심이 일었다.

안동 봉정사 영산암 응진전 벽면에 그려졌다는 〈선학도〉 사진 앞에서 발길이 멈췄다. 〈선학도〉에 등장하는 핵심소재는 쌍학, 고매古梅, 길상화(인동), 보름달, 불사초였다. 해묵은 매화나무 등걸인데도 꽃이 만발하였고 나무 아래에 선 불사초가 흐드러지게 피었다. 또한 길상화 줄기가 매화나무를 칭칭 감고 힘차게 뻗어 올라가 꽃을 피웠는데 그 줄기 모양이 굉장히 선명하게 표현되었다. 언뜻 보기에 넝쿨 줄기가 거대한 고매 등걸을 옭아매고 있어서 숨통이 막힐 것 같은 느낌마저 들었다. 다른 것보다 더 도드라져 보이는 길상화의 의미를 물어보았다.

늙은 나무가 꽃이 많이 피었다는 것은 물이나 영양분을 빨아들이는 힘이 강하다는 것인데 넝쿨 식물들은 그런 능력 있는 나무를 찾아 뻗어 올라간다는 것이다. 다른 식물을 품고도 거뜬히 그 역할을 다하는 고매의 왕성한 기운을 돋보이게 해서 상서로움을 표현한 기법이라는 것.

그 말을 듣는 순간 한 이야기가 생각났다. 한 교수님이 방학 동안에는 학생들을 데리고 작은 암자에서 수업을 했다. 어느 해 눈이 많이 와 절 가까이에 있는 노송 가지가 부러져서 지붕을 망가뜨려 놓자 그 소나무를 베어 버렸더니 그 후에는 근처로 흐르던 물줄기가 없어져 버려 식수 문제가 곤란해지는 바람에 다른 곳으로 옮길 수밖에 없었다는 이야기였다.

고매나 노송의 뿌리는 긴 세월을 두고 뻗어 내렸을 것이니 그 길이가 얼마이며 그 깊이가 얼마이겠는가. 생명에 필요한 것을 끄집어 당기는 힘이 그만큼 컸으리라. 그러니까 다른 것에 기대어 사는 식물들이 그런 곳을 선택하는 것이고 나무뿌리가 끌어당기는 쪽으로 물줄기가 생기는 것 아닌가. 참으로 위대한 자연의 이치다.

불현듯, 뭔가의 기둥이 되는 위치에 있는 것이 삶의 원천이 되는 것이구나 싶다. 식물이든 동물이든 어느 한 자리에서 깊고 넓게 뿌리를 내리고 사는 것이 바로 생명의 원천이요 어떤 무리를 이끌어 가는 힘이 된다는 것이다.

요즘, 이 나라를 지탱해 가는 삶의 원천은 높은 자리에서 말다툼으로 자신의 위치를 확인시키려는 사람들보다는 적재적소에서 꾸준히 제 할 일을 하는 사람들이라는 걸 느낀다. 그런 사람들이 넓고 깊게 닦아 놓은 탄탄한 위치가 무너지지 않는 한 생명의 물길은 이어질 것이고 그것을 토대로 무궁한 발전을 이뤄낼 것이라 믿어 본다.

풍선

미로 같은 길을 따라 움직이면서 가족들과 인사를 나누었다. 마지막 문이 닫히고 커다란 조명등 아래로 옮겨졌다. 하얀 가운과 마스크를 쓴 의사 몇 분들의 얼굴이 동시에 내 얼굴을 주시했다. 조명등과 겹쳐서 조금은 그늘진 얼굴들, 그중 한 분의 목소리가 내 의식을 간신히 붙들어 매고 있었다.

"마취 들어갑니다."

마취? 그래 수술이 시작되나 보다. 그런데 어떡하지? 엊저녁에 잠깐 다녀가면서 했던 의사 말이 순간적으로 반감을 일으켰다. "수술 중에 갈비 한두 개쯤 자를 수 있습니다. 성대의 신경이 잘못되면 목소리를 잃을 수도 있습니다." 했던 말이다. 옆자리를 지키고 앉아 있는 남편과 아들, 며느리 앞에서 "나 이제 노래는 다 불렀다." 하며 농담을 했던 호기는 어디 가고 순간 아니라고 소리치고 싶었다. 갈비 자르고 허리 구부정한 노인네가 되어 목소리조차 내지 못하고 사느니 차라리 꼿꼿하고 성한 목소리로 짧게 살다 가는 것이 더 나을 것 같았다.

아무래도 내가 잘못 생각했다. 환자가 견뎌 낼 수 있을지 걱정된다는 고난도 수술이라면서 담당 의사는 고개를 갸웃했다. 그런데 환자인 내가 우겼다. 수술하겠다고, 그럴 수밖에 없는 상황이니 어쩌겠느냐고, 결과는 신의 뜻에 맡기겠노라고. 그랬는데 지금 나는 무슨 생각을 하는 것일까. 눈앞에 검은 마스크가 점점 다가오는데……. 벌떡 일어나고 싶었다.

"나, 수술 안 할래요!"

목이 터지라고 큰 소리로 말했다. 그런데 의사들은 내 목소리를 듣지 못했을까? 검은 마스크가 점점 내 코와 입 근처로 다가왔다.

40여 년을 몸에 달고 살았던 혹이다. 엑스레이 속에 들어 있는 혹은 참 예쁜 풍선 같았다. 왜 내 가슴에는 저런 풍선이 들어 있을까 하는 의구심은 들었지만 크게 생활에 지장을 주지 않았기에 그저 있어도 그만, 없어도 그만인 예쁜 혹이었다.

그 예쁜 혹이 어느 날 갑자기 반란을 일으켰다. 옆구리가 뒤틀리면서 통증을 일으켰다. 처음엔 무슨 일인지 몰라 이것저것 온갖 검사를 다 해보았지만 다른 이상을 발견하지 못했고 결국은 그 혹으로 눈길을 돌렸다. 드디어 그 혹을 제거해야 한단다.

참으로 긴 세월 동안 내 것도 아닌 것이 내 것인 양 몸 속에 자리 잡고 앉아 텃세를 부리고 있었다. 그 혹에 짓눌린 내 왼쪽 폐는 완전히 찌그러져 한쪽 구석에 겨우 자리보존만 하고 있었을 뿐이었다. 그래서 폐활량이 부족한 나는 늘 숨이 찼다. 뛰기는커녕 빨리 걷지도 못했고 경사진 곳을 올라가지 못해서 늘 허덕거렸다. 무슨 일을 해도 빨리 피곤을 느꼈고 면역력도 약해 잔병치레를 많이 했다.

그래도 감지덕지하면서 살았다. 몇 번이나 생의 고비를 넘겨야 했던 일을 생각하면 그런 것쯤 아무 일도 아니었다. 뛰지 못하면 걸어가면 되었고 빨리 못 가면 천천히 가면 되었고 피곤을 느끼면 잠시 며칠씩 두문불출하고 누워 뒹굴고 나면 가까스로 넘어갔다. 그러면서도 하고 싶은 것은 기어이 해야 직성이 풀렸다.

특히 산을 오르고 싶은 욕망이 강했다. 땀 흘리고 허덕거리며 올라가서 맛보는 산의 정취는 그 어느 것과도 바꿀 수 없는 쾌감이었다. 남들은 어렵다는 한라산 종주와 지리산 종주도 했고 덕유산 종주도 했다. 물론 다른 사람에 비해 2~3배가 넘는 시간을 할애하는 고통이 따랐지만 해냈다는 즐거움이 더 앞선 기쁨이었다. 내 보조에 맞춰 줄 사람이 없을 때는 혼자서도 다녔다. 그럴 때마다 숨이 가빠 아픈 가슴을 움켜쥐고 힘들어했던 일이 어디 한

두 번이었던가.

어찌 보면, 부실한 심장과 부족한 호흡량으로 살아야 하는 내 생활 동선 중 등산이라는 일이 가장 힘이 드는 일이었다. 그런데도 왜 그 힘든 등산을 하고 싶은 것인지 알 수가 없다. 부족한 것에 대한 반발이었을까. 모든 일에서 늘 뒤처지기만 하는 나 자신을 향한 오기인 것 같기도 했다. 어쩌면 그 오기가 나를 버티게 했으리라는 생각이 들기도 했다.

그래서였을까. 내 가슴속에 자리 잡고 앉아 있는 그 혹에 대해 그리 반감이 가지 않았다. 그래서 예쁜 풍선이라는 표현을 쓰곤 했다. 수십 년 쌓이고 싸인 고름이 뭉쳐 단단한 돌덩어리가 되어버렸다는 혹, 타조 알 크기만 하다는 그 혹을 어찌할 도리가 없으니 크게 불편하지 않으면 그냥 사는 것이 낫다는 결론이었었다. 그랬던 것이, 나이가 들어 온몸의 뼈들이 삭아지게 되자 그 돌덩어리도 삭아가면서 이물질을 품어내기 시작한다는 것이다.

오랫동안 나와 함께했던 그 혹은 내게 긍정적인 삶을 살게 해준 것이었다. 다른 사람과 평행선은 아니어도 꾸준히 가다 보면 언젠가는 이룰 수 있다는 진리를 깨닫게 해 주었고 아무리 쓸모가 없는 것일지라도 결코 미워할 수 없는 존재라는 것도 알게 되었다. 보이지 않는 내 몸속 한구석에 존재하는 것이었지만 그것은 현실 속 내 삶의 일부분에선 좋은 지침서가 되어 준 것이기도 했다.

살짝 비친 시야로 뿌연 안개가 어렸다. 그 속에 의사 선생님의 얼굴이 비친다.

"어렵긴 했지만 수술은 잘되었습니다. 갈비를 자르지 않았고 성대 신경도 건드리지 않고 무사히 잘 떼어냈습니다."

"아, 감사합니다. 감사합니다아. 감사합니~다~아~."

시원한 것도 같고 왠지 허전한 것도 같은 마음으로 다시 길고 긴 잠에 빠져들었다. 꿈속에서 예쁜 풍선 하나를 들고 있었다. 풍선이 참 무거웠다. 그런데도 내 손을 빠져나간 그 풍선은 흔들림도 없이 훨훨 잘도 날아갔다.

그동안 나를 버티게 해주었던 오기 같은 감정도 함께 떠나가고 있을까.

살다

'살다'

제목부터 광범위하다. '205×596㎝. oil on canvas. 2018', 전시관 한 벽면을 거의 차지하는 거창한 작품이다. 남성들의 나체들이 마치 엉킨 실타래처럼 실마리를 찾아낼 수 없을 정도로 뒤엉켜 있다. 단체 군무群舞 같기도 하고 치열한 경쟁 속에서 살아남기 위한 몸부림 같기도 했다.

그런데 특이한 것은 하나같이 얼굴 앞면이 보이지 않았다. 머리 윗면과 측면만 그려졌을 뿐 그 많은 사람 중에 똑바로 볼 수 있는 앞면 얼굴이 없었다. 왜 그렇게 그려졌는지 아무리 생각해 보아도 그 의미를 알아낼 수가 없어서 조심스레 작가에게 질문하였다. 작가는 잠시 머뭇거렸다. 굳이 설명해야만 이해를 할 수 있겠느냐는 의미 같아서 질문이 부끄러워질 무렵 무겁게 입을 열었다.

얼굴 말고 또 보이는 것은 없느냐고 되묻는 순간, 뭐지? 하는 의구심은 나의 뇌를 빠르게 움직이게 하는 것이 아니라 느린 동작으로 거의 정지 상태에 머물게 했다. 그림에 대한 무지가 탄로 나는구나 싶어 화끈 달아오르는 표정을 가까스로 숨기고 태연한 척 그림에만 눈을 두었다.

"우리의 인체 중 자신의 마음을 가장 잘 숨길 수 있는 부분이 얼굴이라면 숨김없이 나타나는 부분이 등입니다. 저는 가식으로 덮여있는 얼굴은 숨기고 통째로 들여다보이는 등을 통해 인간의 본질을 말하고 싶었습니다."

그러고 보니 대부분이 등이 보이는 그림이었다. 왜 나체로 그려졌는지가 이해가 갔다. 등의 모습을 그려내기 위한 것이었다. 옷이라는 거적을 벗어버린 등. 다시 새로운 감각을 곤두세우고 그림을 들여다보았다. 단단한 근육질과 굵직한 뼈대들이 살아 움직이는 듯한 느낌으로 살아났다.

작가는 왜 등에서 인간의 진실성을 가장 강하게 느낀 것일까. 하긴 평범한 사람들의 감성으로는 보지 못하는 부분을 찾아내는 것이 예술가들의 능력일 것이다. '탈피'라는 주제가 무엇을 의미하는지 깊은 호흡을 들이쉬며 몰두해 보았지만 눈감고 더듬거리는 듯한 우둔한 감각만 오락가락할 뿐이었다.

가만가만 생각 주머니를 열어보면서 등에서 느끼는 감정들을 떠올려 보았다. 나의 작품 중에서도 등에 관한 글이 몇 편 있었다. '등으로 우는 남자', '부처님 앞에서 흐느끼듯 숨어 울고 나가는 남자의 등' 등. 그들의 등은 그야말로 처절하리만치 애달파 보였다. 아무렇지 않은 척 얘기는 하면서도 뒤돌아 나가던 그 뒷모습이 어찌나 마음

아팠던지. 그 아픔에도 얼굴은 애써 웃는 척하지 않았던가. 그때의 장면이 떠올려지자 작가의 의중이 조금은 이해가 갔다. 왜 그렇게 얼굴을 보여주지 않고 등만 보여주는 것인지를.

얽히고설킨 나체의 등들 속에서 뿜어져 나오는 열기가 화실을 가득 메웠다. 생존경쟁에서 살아남기 위한 처절한 몸짓 같고 빠져나오고 싶어도 엉킨 팔다리를 풀지 못해서 어쩌지 못하는 망연자실한 자세인 것 같았다, 그런 모습에서 뿜어져 나오는 화기가 나를 덮치는 것 같아 가슴이 답답해져 갔다.

그들의 등이 말하는 듯했다. 지겨운 경쟁 속에서 탈출하고 싶다고, 자신만이 누릴 수 있는 여유로움을 갖고 싶다고, 제대로 사는 것처럼 살고 싶다고……. 그런 아우성이 내 내면으로 스며들어와 더는 머물러 있을 수 없었다.

그곳을 탈출하고 싶었다. 그런 그림을 더는 눈여겨볼 마음의 여지가 없었다. 그런데도 다리는 움직이지 않았다. 아니, 그 그림 속에 나도 함께 뒤섞여 있는 것 같아 도저히 빠져나갈 수 없는 기분이 들었다.

"평화로움과 안정감이 느껴지지 않나요?"

생소한 작가의 말에 잠시 정신이 멍해졌다. 몇 마디 주고받는 사이 내 생각이 다른 방향으로 가는 듯한 느낌을 받은 작가가 넌지시 본질을 일러준다. 이번 전시회의 주제가 '안착과 탈피에 대한 꿈'이라 했지 싶다. '마음의 흔들림 없이 착실하게 자리를 잡았거나 어떤 처지에서 완전히 벗어난' 그런 그림이라는 것인가. 아니, 그런 것을 꿈꾸는 그림이라는 건가.

우리는 언제나 안정된 삶을 원한다. 치열한 경쟁, 고독한 칩거, 수다스러운 너스레, 묵묵한 침묵 등등의 다양한 몸부림은 뭔가를 향한 갈망이고 열망이리라. 그런 속에서 찾고 싶은 것이 바로 희망이고 그것이 우리의 궁극적인 목표 도달점일 수가 있는 것이리라. 온갖 형태로 뒤엉킨 장면은 그런 희망, 평화와 안정을 얻기 위한 과정의 인간 심리라는 것일까.

그야말로 나와는 먼 나라의 분위기 같은 화실을 나오면서 나는 언제쯤 그런 경지의 눈으로 세상을 볼 수 있을까 하는 생각이 든다. 훅 불어 닥치는 혹염의 열기가 한 번 더 뜨겁게 내 몸을 감싼다. 그 사이를 슬쩍 지나가는 바람 한 줄기의 시원함이 참으로 감미롭다.

그래! 산다는 것은, 뜨거운 열기 때문에 가볍게 지나가는 바람결이 고맙게 느껴지듯 처절한 고통 속에서 싹트는 작은 희망이 더욱 가치가 있는 것이리라. 아름다운 것이리라.

외나무다리

청명한 하늘 속으로 빨려들었다. 뽀얀 구름 한 자락이 날개가 되고 막 피기 시작하는 은빛 억새 갈기가 방향타가 되어 어딘가로 떠나고 싶은 마음을 부추긴다. 지도 어느 한 점을 눈에 담은 지 어언 몇 년, 그러다 발걸음 떼는 건 순간이었다. 그러구러 달린 길이 한나절이다.

한낮 오수에 젖어 졸고 있는 영주 무섬마을엔 껑쭝한 코스모스가 손님을 맞이하고 어느 집 문간 밖에 나란히 세워져 있는 고무신들이 주인을 대신해 인사한다. 지나가는 바람조차 잠시 쉬고 있는가. 풍경들이 움직임이 없다. 고슬고슬한 햇살만이 알싸한 입김을 내뿜으며 온몸에 안겨든다.

둑길에 벤치 하나가 강 저편의 풍경을 바라다볼 수 있는 곳에 자리하고 있다. 살짝 걸터앉아 눈 돌려보니 멀찍이 가느다란 다리가 강폭을 가르고 있다. 부드럽게 휘어진 곡선이 아름다운 선율처럼 울림으로 다가온다. TV 화면 속 주인공들처럼 건너보고 싶었던 외나무다리.

흠모하던 임을 만나러 가듯 마음 설레며 걸음을 옮겼다. 가까이 다가갈수록 다리의 윤곽이 선명해지는데 곧게 뻗어 있는 것이 아니고 살짝 구부러진 곡선으로 아름다움을 발휘했다. 커다란 원을 도는 것처럼 원심력이 작용했을까. 자꾸 뒤뚱거린다. 처음엔 좌우 어느 한쪽으로 힘이 쏠리지 않도록 팔을 들어올려야 했다. 팔 동작이 우스

꽝스러울 거란 생각은 잠시였다. 한발 한발 디딜 때마다 외나무다리 속, 아니 순간순간 바뀌던 드라마 화면 속 장면에 동화되었다.

어쩌면 팔 동작보다도 누군가를 닮아보려는 마음이 더 우스꽝스러웠으리라. 하지만 때론 그런 마음이 약이 되는 때가 있었다. 감히 넘볼 수 없는 곳을 넘나들어 보는 상상만으로도 충분히 즐거울 수 있었고 그러다가도 너무 넘치지 않고 넘어지지 않게 균형을 잡으려 애쓰는 내 안의 어떤 힘이 다시 본연의 자세를 되찾아 주곤 했다.

맞은편에서 다가오는 사람과의 눈싸움이 벌어졌다. 다리의 폭은 딱 한 사람의 발 너비 정도여서 자칫 균형을 잃으면 물속으로 텀벙 빠질 것 같다. 누군가는 비켜주어야 하는 길이다. 누군들 뒤돌아서고 싶을까. 그렇다고 무턱대고 상대를 밀어붙일 수도 없는 일 아니던가. 막막함이 밀려오는 순간 군데군데 비켜설 수 있는 작은 자리가 보였다. 그 자리에 잠시 서서 상대편이 지나가기를 기다리면 되는 일이다.

그러는 동안 나는 잠시 세상을 둘러볼 기회가 생기지

않았던가. 잠시의 여유는 주의의 아름다움을 좀 더 자세하게 들여다볼 수 있게 해 주었다. 나와 비켜 지나가는 사람들의 표정에서 또 다른 삶의 여정을 엿볼 수 있었고 더러는 친근한 미소를 나눌 수도 있었다. 고속도로처럼 오고 가는 길이 따로 널찍하게 나 있었다면 이런 여유를 느껴 볼 수 있었을까.

허리춤도 못 올라오는 낮은 외나무다리에서 강물의 속살을 훔쳐본다. 티끌 하나 섞이는 것도 허용하지 않을 것 같은 맑은 물은 그야말로 명경이다. 환히 내려다보이는 물속에는 또 다른 흐름이 겹쳐 있다. 물살을 타고 떠내려가다 멈추고 다시 떠내려가는 모래알들. 서두르지도 거칠지도 않는 느긋한 물살이 모래사막 바람처럼 모래알을 나른다. 은빛 햇살의 놀이터를 만들고 마을을 휘돌아 나와 모래섬을 만든다.

거대한 산을 이룬 사막의 모래만이 아름다운 모습은 아니었다. 이 작은 강줄기 속에서 흘러가다 무늬를 새겨 놓은 모래 또한 그 어느 것과도 바꿀 수 없는 아름다움이었다. 만들어졌다가 부서지고 또다시 만들어지는 무늬들.

수없이 많은 무늬이지만 아마도 똑같은 것은 없으리라.

어떤 모양이든 뭐라고 표현을 해도 부족할 아름다운 모습이지만 모래 스스로의 의지로 만들어지기는 어려운 일일 것이다. 그저 흘러가는 물살에 맡겨진 형체, 그야말로 자연 그대로의 모습 아니던가. 어쩌면 우리 인간의 모습도 이러하리라. 각기 다른 삶으로 연결된 인간이라는 무늬는 그 누가 더 우수하고 못난 것이 아닌, 나름대로 개성을 지닌 품격이며 거부할 수 없는 대자연에 속한 하나의 물체에 불과할 뿐일 것이다.

마을과 마을을 이어주는 외나무다리는 그저 아무렇게나 놓인 평범한 다리는 아니었다. 잠시 지나가는 나그네의 눈요깃감이나 그저 물을 건너가야 하는 정도로 이용되는 것처럼 보일 수 있지만 인간의 삶의 여정이 오롯이 배어 있었다. 휘돌아 가는 부분에서 균형 잡힌 삶의 방식을 되새겨보고 좁은 부분에서 쉬어가는 참 맛을 즐겨보았으며 낮은 부분에서 각기 다른 인생의 무늬를 살펴보았다.

느릿느릿 서두르지 않는 마음으로 걸어본 외나무다리

위에서 왠지 모를 편안함이 느껴졌다. 이제 누구와 아옹다옹할 마음도 없고 앞장서고 싶은 욕심도 없는, 그래서 나태해져 버린 듯한 무기력감 때문에 다소 불편했던 마음에서 해방되는 기분이었다. 모든 것 다 내려놓고 서 있는 기분이랄까.

어쩌면 진즉부터 화면 속 풍경이 나를 불렀던 것 같다. 저 다리는 세월의 흐름을 역류할 수 없음을 알고 있으면서도 거부하려고 드는 내 내면의 혼란을 알고 있었던 것일까. 그래서 나를 불러들여 살아가는 순리를 보여 준 것인지도 모르겠다.

쓰레기통 앞에서

그 음식쓰레기통 앞에만 서면 웃음이 나온다. 왠지 모르게 편안하고 다정한 느낌을 받는다. 냄새 고약하고 파리 떼 날아드는 지저분한 장소에 서서 나는 왜 그런 마음이 드는지 모를 일이다.

사람 사는 구역에 따라 주위의 시설이 다 다르다. 내가 사는 아파트는 그리 큰 단지는 아니래도 갖출 것은 거의

다 갖추어져 있다. 그런데 친정어머니가 사시는 아파트는 5층짜리인 데다 몇 동 되지 않은 소형 단지다. 그러다 보니 다소 부족하고 불편한 점이 많다.

그곳 음식쓰레기통이 골목 길가에 놓여 있어서 썩 보기 좋은 풍경이 아니다. 겨우 차 한 대가 지나갈 수 있는 좁은 골목인데 어느 날은 비닐 등이 널브러져 있기도 하고 어느 날은 미처 치우지 못한 탓에 덮개가 꼭 닫히지 못하고 비스듬히 열려 있어 보기 흉하기도 하다. 더구나 쓰레기통을 씻지도 않고 사용하기만 하는지 때가 덕지덕지 끼어 있다. 그래서 음식쓰레기를 버리러 가게 되면 으레 이맛살을 찡그리고 코부터 막곤 했다.

그러던 어느 날, 그 쓰레기통 위에 쪽지 하나가 붙어 있었다. '통에 비루리 너치 마세요.' 그 내용을 읽는 순간 '픽' 웃음이 나왔다. 누가 써 붙인 걸까. 자꾸만 웃음이 나왔다. 그 웃음이 결코 비웃음은 아니었지만 그래도 왠지 입언저리가 어색하게 움직여지는 웃음이었다.

통에는 음식물 외에는 다른 이물질이 들어가서는 안 되는데 음식물을 담아온 비닐까지 통 속에 다 넣어버리니 회수해가는 쪽에서 문제가 생기는 것이다. 아마도 아파트 관리자는 그런 문제 때문에 골치를 앓는 모양이다.

직업은 못 속인다고 했던가. 편집 일을 자주 하다 보니까 철자법 틀린 것이 눈에 거슬렸다. 그래서 내가 고쳐 써 붙일까 하다가 내 소관이 아닌 일에 너무 지나친 간섭일 거라는 생각이 들어 그냥 지나치곤 했다. 그런데 참 이상하다. 쓰레기를 버리러 갈 때마다 그 글에서 정감이 묻어 나왔다.

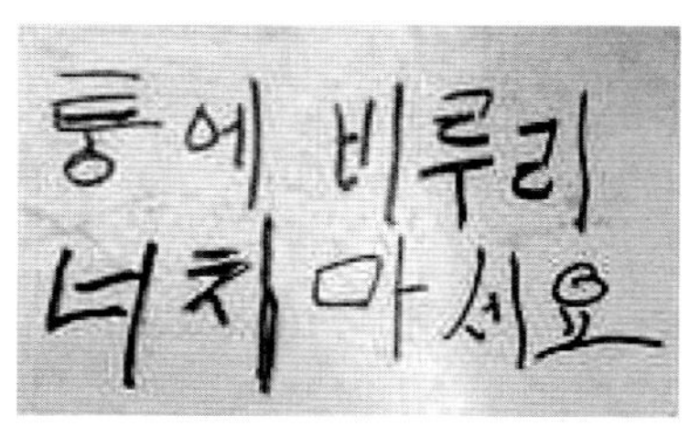

삐뚤빼뚤한 모양이며 맞춤법이 안 맞는 글자라서 처음엔 무슨 말인지 몰랐다. 한참을 생각해 보고 나서야 그 뜻을 알게 된 것이다. 본인은 다른 사람들이 자신의 글을 보고 이런 생각을 하는 줄도 모르리라. 모르는 것이 약이라고 했던가. 일단은 아무도 그 쪽지에 대해서 말하지 않았을 터이니 크게 부끄러워하거나 상심할 일은 아닐 것이다.

아는 것이 많아야 사람대접을 받는 세상이라고 생각하기 일쑤다. 학식이 높은 사람, 권력이 높은 사람, 돈이 많은 사람 중 아마도 학식이 높은 사람이 제일 존경을 받을 것이다. 특히 우리나라 부모님들은 그래서 더욱 자녀들 교육에 열성을 다하고 있는 것이리라.

입과 눈이 트이기 시작하면서 경쟁은 시작된다. 정상적인 교육 시기가 되기도 전에 아이들은 수많은 책 속에서 살아가고 아직 철들기 시작 전부터 자신도 모르는 경쟁 속에 휘말려 들어가고 있다. 유치원으로, 학원으로, 학교로.

그 많은 지식을 얼마나 사용하면서 살까. 가만히 생각해 보면 삶의 기본은 그리 다양하지 않고 크게 차이 나는 것도 아니다. 그 외는 명예와 권위를 위해 갖춰야 할 것들이다. 그런데 그런 것들을 갖추면 갖출수록 머리가 무겁고 버거워진다.

예전에 남편의 직장 때문에 두 집 살림해야 할 때가 있었다. 일주일 중 3일은 남편 근무지의 사택에서 지내고 나머지 날은 도시 본 집에서 살았다. 두 곳을 왔다 갔다 하면서 느꼈던 것이 있다. 시골에 있을 때는 왠지 마음이 가벼웠다. 아무 생각 없이 채소나 가꾸고 잡초나 뽑으면서 그날그날 마음 편하게 지냈다. 그런데 도시 본 집으로 나와 내가 해야 할 일들을 할 때면 그저 머리 복잡하고 바빴다. 나도 모르게 누군가와 경쟁을 하고 있었고 무언가를 알아야 하기에 머리를 쥐어짜야 했다.

몰라도 되는 환경과 알지 못하면 조바심을 내야 하는 환경을 오락가락하면서 부족한 것의 가치를 알게 된 것이다. 그때, 몰라도 되는 편안함과 없어도 되는 가벼움이 얼마나 좋은 것인지를 느꼈었다. 그래서 그곳 사택에서의 생활은 정신적인 풍요를 누린 곳이었다.

내가 그 쓰레기통 위에 붙어 있는 쪽지를 보면서 편안한 마음을 느끼고 정감을 느낀 이유는 아마 그때의 마음과 같은 것이리라. 그 쪽지를 붙인 사람은 자신의 부족함을 모르니까, 그만큼 깊이를 짐작하지 못하니까 갈등의 소재가 없을 것이고 견줌의 불편함을 느끼지 못할 것이다. 얼마나 마음 느긋한 일인가.

'퉁에 비루리 너치 마세요'

나는 오늘도 이 쪽지 앞에서 웃음을 머금고 돌아와 경쟁 속에서 소용돌이치는 내 거친 숨을 잠재운다.

냉기를 밀어내며

병원 문을 밀치고 들어가는 순간 뭔가 다른 분위기가 감돌았다. 복작거릴 줄 알았던 로비는 그저 조용하기만 해서 썰렁하게 느껴졌다. 간호사의 안내로 치료실 의자에 누웠다.

조용한 분위기가 오히려 낯설어서 간호사의 설명을 들으면서도 병원을 잘못 왔나 하는 의구심이 들었다. 이처럼 손님이 없다는 것은 의사의 실력이 부족해서일까 하는 마음에서다. 하지만 이미 시작된 일 아닌가. 그냥 하라는 대로 맡기는 수밖에 없는 노릇이다.

마취도 하지 않고 치석 제거에 들어갔다. 다른 곳에서는 '마취를 해야 한다, 한 번에 못하니까 여러 번 나누어서 해야 한다, 사진을 찍어봐야 한다.' 하던데 아무런 설명도 없이 기계를 입안에 집어넣고 시작이다. 드르륵드르륵 하는 음이 싫기도 하고 가끔 시큰거리는 것으로 인해 나도 몰래 얼굴이 찡그려졌다. 그럴 때마다 손에 힘이 들어가며 주먹이 쥐어졌다.

그렇게 얼마를 하다 잠깐 쉬는 듯한 분위기다. 얼굴에 수건이 덮여 있어서 무슨 상황인지는 모르겠지만 수런대는 느낌으로 보아 치료하는 사람이 바뀌는 듯하다. 발걸음이 요란하거나 무슨 이야기를 해서가 아니라 슬쩍 지나치는 옷자락 소리에서 느껴졌다.

곧이어 다시 기계 돌아가는 소리가 들리면서 내 얼굴에 다른 손길이 느껴졌다. 순간, 따뜻했다. 따뜻하다고 느끼는 순간 긴장했던 온몸의 근육이 스르르 풀리는 듯했다.

그저 내 입 주위를 오가는 짧은 동선이었지만 그 따뜻함은 온몸으로 퍼져 나갔다. 편안해지기 시작했다. 기계 닿는 느낌이 불편하고 꺼림칙하던 것이 조금은 나아졌다. 처음에 느꼈던 병원에 대한 이미지도 긍정적으로 바뀌었다. 손님들을 끌어들이기 위해 지나친 친절을 베푼다거나 더 큰 이익을 위해 필요 이상으로 시간을 끄는 행위들은 전혀 없는 순수한 병원일 거란 생각이 들었다. 따뜻한 것이 이런 것이구나 싶다.

사람의 체온이 이렇게 다를 수가 있을까. 다른 사람의 체온이 따뜻하게 느껴진다는 것은 반대로 내 체온이 차갑다는 이치다. 그러고 보니 내 몸은 늘 차가운 쪽이었다. 다른 사람들보다 차가워서 겨울엔 내 손발이 닿으면 깜짝 놀라는 사람도 있다.

어디 체온뿐이던가. 인상이 차갑다는 소리도 자주 들었다. 어느 땐 말 붙이기 어려운 정도라고도 했다. 마음까지도 차가웠는지 가까이 지내는 사람이 그리 많지 않다. 무슨 이유인지 처음엔 좀 가까운 것 같았다가도 얼마쯤 시간이 지나면 맨숭맨숭해진다.

늘 그랬다. 누구를 알기 시작할 때부터 나는 늘 부담감을 느꼈다. 처음엔 그 사람에 대한 예의를 차리면서도 마음 한구석에서는 나도 모르게 자꾸 뒷걸음질 치곤 했다. 그런 마음으로 사람을 대하다 보니 나에게 친절을 베풀던 사람들도 서서히 거리감이 생긴다. 그런데 그런 것들에 대해 나 스스로 별로 아쉬워하지도, 서운해하지도 않는다는 것이 문제다. 어느 땐 이런 내 마음을 숨기기 위해 일부러 이런저런 수다를 떠는 때도 있다. 그러나 그것은 그리 오래가지 못하는 편이다.

아마도 내 체온이 다른 사람에 비해 낮은 것은 이런 내 마음 때문일지도 모른다. 다른 사람을 품지 못하는 마음. 거의 평생을 그렇게 살아왔으니 말해 무엇하랴. 그런데 이런 점을 고쳐 보려고 하지 않는다는 것이 더 문제다. 변명 같지만 안 되는 걸 어쩌느냐고 억지 부리며 산다.

세상을 바라보는 눈도 마찬가지이리라. 따뜻한 눈길로 바라본 세상은 모든 것이 따뜻하게 보일 것이다. 내 눈이 삐딱하게 틀어지면 보이는 풍경 또한 삐딱하게만 보일 터이니 거친 세상을 탓하기보다는 그렇게 보이는 내 눈을 탓해야 하지 않을까. 이런 일들이 모두 내 안에서 일어나는 것을, 어찌 나는 내 안에 냉기만 품고 살고 있는지 모를 일이다.

이런저런 생각으로 시간 가는 줄 모르고 끝이 났다. 기계 소리가 끝나고 다시 사람이 바뀌는 듯하다. 처음에 준비해 주던 간호사가 와서 끝맺음하며 다 끝냈음을 알려준다. 얼굴에서 수건이 벗겨지고 눈앞의 사물이 보이는 순간 잠깐의 평화로웠던 감정이 다시 일상으로 돌아왔다.

따뜻한 온기 속에서 느꼈던 마음의 평화가 금세 어디로 갔을까. 그리 길지 않은 시간이었건만 왠지 아주 다른 공간 속에서 긴 시간 머물다 온 느낌이다. 그 손길의 주인공이 누구인지는 모르지만 따뜻한 온기만큼은 분명 내 몸 속 어딘가에 저장되어 있을 듯싶다. 그 사람이 누구인지는 굳이 알고 싶지 않다. 그러나 그 온기만큼은 그대로 간직하고 싶다. 누군가에게 평화로움을 전해 줄 수 있는 근본적인 힘으로 남아 내 안에 똬리를 틀고 앉아 있는 냉기를 밀어내 주었으면 좋겠다.

병원 문을 나서는 내 등 뒤로 햇살이 내려앉는다. 유난히 등이 따뜻하다. 따뜻함을 더 많이 받아내고 싶어 되도록 천천히 발걸음을 뗀다. 한걸음, 한걸음, 발걸음을 뗄 때마다 내 안의 냉기를 밀어내며…….

엄마 자리

대기실 출입문이 열리며 휠체어 탄 환자가 들어온다. 두리번거리는 환자의 눈매가 조금 흔들려 보인다. 보호자는 익숙한 몸놀림으로 간호사와 눈인사를 나누고 순번을 기다리고 있다. 무슨 일인지 잠깐 기다리라며 환자만 놓고 나가는 남자를 향해 여자가 불안한 표정으로 말을 한다.

"엄마! 어디 가? 나 혼자 어떡해?"

사람들이 일제히 그 여자에게 시선을 돌리며 침묵으로 의아함을 내비친다. 얼핏 부부처럼 보이는데 남자보고 엄마라니! 상황 파악이 되지 않는 사람들의 시선은 아랑곳하지 않고 간호사들 앞에 가서 '엄마 어디 갔느냐.'고 찾아달라 애걸한다. 꽤 오랫동안 안면이 있는 환자였는지 그런 상황이 아무렇지 않다는 듯 간호사들의 반응이 시큰둥하다. 혼자만 이리저리 휠체어의 바퀴를 둥글리며 불안한 눈망울을 돌려댄다.

그러다 순간 나와 눈이 마주쳤다. 나는 눈을 딴 데로 돌릴 수가 없었다. 아니, 나뿐만 아니라 그곳에 있는 모든 사람의 눈이 그 여자 행동을 주시하고 있었다. 나와 마주친 눈을 그대로 고정한 채 나를 향해 휠체어 바퀴를 굴리며 다가왔다. 침을 꼴깍 삼켰다. 그 많은 사람 다 제쳐놓고 왜 나를 향해 오는 걸까.

엄마 어디 갔느냐고, 언제 오느냐고 묻기에 곧 올 거라고 대답하자 그제야 좀 안심이 되는지 얼굴에 미소를 짓는다. 너무나 소박하고 해맑은 웃음에 가슴이 쿵 내려앉았다. 내 손을 끌어다가 자기 머리에 대면서 만져보란다. 뭔가 굵직한 흉터 자국이 도도록이 올라와 있었다. 순간적으로 뇌수술 후유증을 앓는 환자구나 싶었다. 몸의 흉터보다 더 깊은 마음의 흉터가 그녀의 언행을 엇나가게 했지 싶다.

"나, 아기 못 낳아. 의사가 자궁을 수술해 버려서 아기를 가질 수 없대. 그런데 나는 아기가 갖고 싶어. 아기가 나한테 '엄마!' 하고 불러주면 정말 좋겠어. 어떤 아이에게 엄마라고 불러주면 과자 사 준다고 했는데 과자만 먹고 제 엄마한테 가 버렸어. 또 오면 이번엔 과자 많이 사 줄 거야. 그러면 불러 줄까?"

너무나 간절한 표정과 목소리에 코끝이 찡했다. 그럴 거라며 고개를 끄덕여 주니 좋아라고 웃는 모습이 정말 환하다. 그 환한 모습으로 끝없이 얘기한다. 처음 본 사람이 아니라 몇 십 년 함께 한 지우처럼 스스럼없이 얘기하고 나는 맞장구를 쳤다. 진료 대기실 사람들은 마치 TV 속에 나오는 중요한 뉴스거리처럼 우리 둘의 이야기를 들으며 주시하고 있었다. 언제 왔는지 그녀의 남편도 거리를 두고 앉아 있었다. 우리를 쳐다보지는 않고 무심한 표정으로 생각에 잠겨 있었다. 세상 모든 일에 달관한 듯한 묵직한 침묵이 그의 심정을 대변해 주고 있었다. 누군들 그 앞에서 섣부른 감정 타령을 할 것인가.

한참을 얘기하던 그녀가 내게 바짝 다가와 귓속말을 한다. 남편이 모르는 체하지만 귀는 이쪽으로 열어 놓고 있을 거라며 히죽 웃는다. 그 순간만큼은 전혀 문제가 없는 평범한 아낙네였다. 나도 함께 쿡쿡대며 공감한다는 표정을 보여 주었다. 아니, 일부러 그런 것이 아니라 나도 모르게 나온 몸짓이었다. 우린 그렇게 한참 동안 남편들을 향한 공방에 의기투합하고 있었다.

얼마나 시간이 흘렀을까. 그녀의 이름이 호명되자 흠칫 놀란 듯한 표정으로 남편의 눈치를 살폈다. 잠깐은 전혀 문제없어 보이던 사람이 다시 남편의 보호 아래로 끌려들어 가는 어벙한 모습이 되었다. 엄마에게 투정부리듯 마지못해 따라가는 아이가 되어 진료실로 들어간다.

진료를 마치고 나가는 그들의 모습은, 출입문을 밀치면 차가운 공기가 잠깐 훅 불어 들어왔다 금방 스러지는 작은 회오리 같은 것이었다. 그녀가 남기고 간 얘기들의 여운이 채 사라지기도 전에 대기실의 분위기는 어느새 평범한 일상으로 돌아갔다. 그러나 나는 어느덧 그녀의 분신을 품고 있었다. 남편에게 엄마라고 부르는 이유가 먹먹하게 가슴을 조여 왔다. 엄마가 되고 싶은 갈망, 누군가 자기를 엄마라고 불러주기를 바라는 소망이 처절하리만큼 간절하게 느껴졌다.

그녀의 분신이, 한때 초롱초롱한 두 아이의 눈망울을 뒤로하고 그토록 소중한 엄마 자리를 놓아버리려 했던 내게 일침을 가한다. 그 일이 얼마나 헛된 망상이고 어설픈 사치라는 것을 아느냐고……. 가벼운 한숨 한 줄기로 그때의 절실함을 대변하고는 슬그머니 현실 속으로 들어와 버렸다.

나와 이어져 있는 핏줄의 정이 새삼 따스하게 스며든다.

2부

깊은 산 고갯마루
외로운
산오이풀 한 송이

어쩌다 저리
허리춤
길게 늘어졌을까

역광에 비친
요염한 자태가

홀로 걷는 산 나그네
발걸음을 붙잡는다

외로움이 외로움을
달랜다.

– 덕유산에서

감성도 나이를 먹는다

아기자기한 꽃 몇 송이가 나풀거리며 다가오고 있다. 꽃하고는 전혀 어울릴 것 같지 않은 남자의 투박한 손에서 향이 풍겼다. 그것을 바라보는 내 표정이 의아해 보였던 것일까. 얼핏 스치는 눈빛이 좀 민망해하는 것 같았다.

"태풍이 온다는데 비바람에 망가져 버릴 것 같아서요."

묻지도 않는데 변명을 하며 쑥스러워한다. 그 순간 내 감성이 한 대 얻어맞은 것 같았다. 나는 왜 그 생각을 못 했을까. 그저 꽃을 꺾으면 안 된다는 생각만 했지 상황에 따라 꺾어 주는 것이 더 아끼는 마음이라는 사실을 미처 생각지 못한 것이다.

그의 손에 들린 꽃이 크고 화려하지는 않았다. 길을 내기 위해 베어버린 곳에서 다시 자란 풀들이 그 나름대로 한 생의 순서를 다시 반복하고 마무리를 하느라고 핀 작고 보잘것없는 꽃들이었다. 그런데 그 꽃 모둠이 참으로 아기자기하고 앙증맞은 꽃다발이 되어 있었다.

남자는 그 꽃다발을 어떻게 하려고 마음먹었을까. 어쩌면 집에서 기다리는 아내나 어린 딸에게 안겨 줄 것이다. 잠시 가던 걸음을 멈추고 남자의 뒷모습을 바라보았다. 그의 등 뒤로 살며시 미소 짓는 여자와 깔깔거리며 웃는 꼬마 아가씨의 모습이 그려졌다. 껑충껑충 걸어가는 발걸음에서 잔잔한 행복이 울림으로 번져나갔다.

그의 모습에서 내 젊은 날의 여린 감성들이 묻어났다. 허리를 구부렸다 펴는 동작이며 꽃잎을 코에 대고 향을 맡는 행동들 모두가 내 먼 기억 속에 숨어 있었던 동화 속 풍경 같았다. 그 모습이 왜 그렇게 사랑스럽게 보이는 것일까. 한참을 그렇게 잊고 있었던 감성 속에 빠져 멍하니 서 있었다. 어느덧 그 남자의 손에 들린 꽃다발이 나붓나붓 흔들리며 굽어진 산책길 저편으로 사라져 갔다.

산책하는 내내 그의 손에 들렸던 꽃다발이 아른거렸다. 나도 그런 꽃다발 하나쯤 만들 수도 있으련만 그럴 생각은 없고 그 사실만 마음속에 깊이 자리 잡았다. 그러면서 뭔가 헛헛함이 밀려왔다. 내 주위에 꽃이 없었던 게 아니라 감성이 점점 사라져 가고 있었다는 사실을 깨달았다. 점점 메말라 가는 감성만큼이나 집안 분위기가 버석하지 않는가, 방 한구석에 차곡차곡 쌓여 있는 빈 화병들이 제 할 일을 잃어버리고 먼지만 뒤집어쓰고 있다.

어려서부터 꽃을 좋아했던 것 같다. 내가 제일 어린 모습으로 찍힌 사진에는 가슴에 커다란 종이꽃을 달고 있었다. 아마도 무슨 잔칫날 같았는데 한두 마디쯤 말을 할 나이인 듯했다. 그 뒤의 사진도 주로 꽃밭 속이거나 손에 꽃을 들고 찍은 것들이었다. 그러다 꽃꽂이를 하기에 이

르렀고 수없이 많을 꽃을 아우르며 살았다.

그처럼 늘 꽃 속에서 살았다. 그런데 지금은 꽃과의 교감이 서서히 멀어져 가고 있다. 큰 행사를 위한 꽃꽂이 외에는 일상생활에서의 꽃은 점점 멀어지고 있다. 작은 병에 꽃 한 송이 꽂아놓고 흐뭇해하던 감성이 어디로 사라져 버린 것일까. 아니 그 사실조차 까맣게 모르고 있었던가. 나의 감성이 그렇게 서서히 멀어져 가는 소실점으로 사라져 가고 있었다고 생각하니 온몸에서 힘이 쏙 빠졌다.

꽃이 없어서도 아니고 돈이 궁해서도 아니건만 이제 현실적인 일에 더 치중하고 사는 사람이 되었다는 사실이 못내 아쉬웠다. 다시, 오로지 예술성을 찾아 가위질하던 순수함을 찾고 싶고 그런 열정을 쏟아내며 살고 싶다는 생각이 꿈틀거렸다. 아니 가냘픈 풀꽃 한 송이에 마냥 흐뭇해했던 그 여리고 풋풋한 감성을 다시 찾고 싶었다. 그런데 어찌 된 일인지 그런 생각을 하면서도 내 손에 꽃 한 송이 쥐지 못하고 돌아왔다.

산책길에 핀 무수히 많은 풀꽃을 보면서 가끔 그 남자

의 감성을 떠올리곤 한다. 그러면서 차츰, 무디어져 가는 내 감성을 탓하기보다는 그렇게 되어버린 나이가 되었음을 인지하게 되었다. 물 한 방울에서 느끼는 촉촉함, 살짝 스쳐 가는 바람에도 붉어지는 뺨에서 느끼는 예민함, 눈 감고 맡아보는 공기의 흐름에서 느끼는 달콤함 등등. 이제 내게서는 점점 사라진 그 풋풋했던 감성이 더없이 소중했었음을 느끼게 되었고 그 꽃들은 그런 감성을 지닌 사람들의 몫이라고 생각되어 나는 그저 눈으로만 보는 것으로 만족하기로 했다. 어쩌면 파닥거리는 풋풋함보다는 느긋하고 잔잔한 편안함이 더 익숙해져 가고 있는지도 모르겠다.

세월은 이렇듯 감성에도 나이를 먹게 하나 보다.

멈추어 버린 자연의 섭리

그야말로 찬란한 돌의 예술이었다. 인간의 힘으로, 그것도 자르기도 힘들고 운반하기도 힘들다는 돌로 그런 거대한 사원을 지었다는 게 경이로운 일이다. 과연 인간의 능력 한계는 어디까지일까.

앙코르 사원들을 돌아보면서 웅장한 모습들에 감탄을 금치 못했다. 사원들마다 각기 다른 설계와 특징을 보면서 과연 세계적인 유산이 될 만하다는 생각이 든다. 그런데 그 많은 유적 중 특별히 마음을 끄는 사원이 있었으니 바로 타프롬 사원이었다.

돌들이 아프단다. 아파서 몸살을 앓는가 보다. 퍼런 멍이 들었는가 하면 까맣게 죽어가기도 한다. 톱 들이대면 그냥 사라지고 말 나무뿌리에 돌탑들이 속수무책으로 허물어져 가고 있다.

내가 지금껏 생각하고 있던 돌이란 이미지는 단단한 물체였다. 그런데 그런 돌들이 그처럼 허무한 물체로 느껴지는 것은 처음이다. 아니 꺾일 줄 모르던 인간의 욕망이 송두리째 무너져 버린 듯 허망하기만 했다.

좀 더 잘살아보겠다고, 좀 더 특별한 사람이 되어보겠다고, 산을 깎고 들을 파헤치며 바다를 뒤집어 놓으면서까지 욕심을 부리는 인간이다. 그런 인간의 욕망에 짓밟힌 자연이었다. 그렇게 당하기만 하던 자연이 드디어 인간의 욕심에 반격했다고 해야 할까.

숱한 전쟁 끝에 폐허가 된 도시는 유령의 도시가 되었단다. 일반 거주민들까지도 귀신 들린 마을이라며 왕래하기를 꺼리다 보니 자연 숲에 묻히게 되었다는 것. 그렇게 300여 년이 지나는 동안 탑의 틈새로 날아온 씨앗이 싹을 틔우고 자라기 시작했으리라. 나무뿌리들이 어마어마했다.

상상 속에서나 볼 수 있는 거대한 뱀들이 엉켜있는 것 같기도 하고 화산이 폭발해서 용암이 흘러내리다 굳어버린 것 같기도 했다. 아니, 크기가 짐작이 안 되는 문어가 이리저리 슬슬 기어다니는 것 같다고 할까. 건드리면 척하니 내 몸을 휘감아서 허공에 던져버릴 것 같은 느낌도 들었다. 어쩌면 뿌리 속 진액들에 의해 돌들이 그냥 스르르 녹아내린다는 표현이 더 정확할지도 모르겠다.

무서운 힘으로 돌들을 삼키고 있었다. 그것은 그냥 물체인 돌을 무너뜨리는 것이 아니라 그 탑을 쌓기 위해 자연을 훼손시킨 인간들에게 향한 분노 같았다. 참으로 위대한 힘이었다. 그 어떤 것보다 생동감 있는, 자연의 위대함을 대변하는 나무들의 모습이 숭고하게 느껴졌다.

희한하게도 스러져 가는 사원과 나무뿌리들의 조화가 아름답게 느껴졌다. 다른 사람들의 안타깝다는 표정 뒤에서 나 홀로 그 조화로움에 흠뻑 빠져들었다. 그 어떤 기교도 그런 자연스러움을 표현할 수 없을 것 같다. 단단함과 유연함, 죽어 있는 것과 살아 움직이는 것의 대비 때문에 나무의 생명력이 더없이 왕성해 보였다. 어디에서 그런 역동적인 광경을 볼 수 있단 말인가.

그 나무뿌리에서 위안을 얻고 힘을 얻어가는 사람들도 있으리라. 저렇게 살 수도 있겠구나, 남을 견제하면서 살아도 되는 것이구나 싶겠다. 늘 주눅이 들어 산다고 생각하는 사람들은 저렇듯 저돌적인 힘으로 밀어붙이는 활력을 얻어 갈 것 같다. 삭혀야만 하고 뺏겨야만 하고 넘겨주어야만 하는 틈바구니에서 자신을 위해서는 저런 불가사의한 일을 꾸며 보아도 좋을 거라는 생각이 넘나들 듯하다.

대부분 사람이 허물어져 가는 탑을 생각하면서 어찌하여 나무가 저렇듯 막무가내로 영역을 넓혀가도록 놓아두는 것일까, 저지할 방법이 없는 것일까, 다른 사원은 복원 작업을 한다는데 왜 저토록 손을 쓰지 않고 있을까 하는 것이 의문이었다.

사원이 무너지는 걸 막자고 나무를 베어버리면 더 허물

어진단다. 뿌리들은 이미 탑을 이루는 돌들과 한 덩어리로 묶이어 이제 사원과는 떼려야 뗄 수 없는 기막힌 관계가 되어버린 것이다. 그냥 놔두면 더욱 왕성하게 자랄 뿌리들에 무너지고 베어버리면 버팀목이 스러지면서 같이 허물어질 것이 염려란다. 그러니 죽일 수도, 살릴 수도 없는 나무가 되어버려서 지금은 성장억제제를 놓아 준단다.

성장을 멈출 수밖에 없는 나무, 자연의 섭리를 마음대로 휘젓는 인간의 오만을 그대로 받아들일 수밖에 없는 나무, 그 나무들이 갑자기 액자 속에 들어있는 그림같이 느껴졌다.

이제는 한 장의 사진으로 남아 내 마음속에서만 자라고 있다.

유산여독서遊山如讀書

청명한 날씨가 자꾸만 손짓한다. 서늘해진 바람이며 한들거리는 들풀들이 내뿜는 가을 냄새를 이기지 못하고 배낭을 짊어졌다.

자주는 아니지만 가끔 산을 찾아서 마음을 정화시키곤 한다. 빨리 걷지 못하고 거북이걸음처럼 느린 걸음으로 다녀도 가고 싶은 곳은 어디든 간다. 멀고 가까운 것이나 빠르고 느린 것이 문제가 아니라 마음먹기 달렸다는 것을 실감하면서 나이 들어가는 것 같다.

덕유산 종주를 계획하고 두 번째 나선 길이다. 지난번은 원추리 군락지를 찾아 먼 길을 걸었고 이번엔 그때의 나머지 구간을 걷는다. 여름 덕유산은 물안개 듬뿍 낀 자욱한 산길이었고 초가을 덕유산은 해맑은 하늘길이다. 긴 길을 걸으면서 땅보다 하늘을 더 많이 올려다보았으니 하늘에 길이 있는 듯했다.

눈이 부실 정도로 산뜻한 햇살은 내딛는 발끝마다 부딪히는 돌멩이 끝에서 불꽃이 튕길 듯하다. 숲속 작은 공터에 옹기종기 모여 있는 따사로운 햇볕 속에서는 나른함에 터덕거리고 오락가락하는 구름으로 인해 순간마다 바뀌는 산봉우리들의 풍경을 넋 놓고 바라보다가 발을 헛디디기도 했다. 길게 꼬리를 내린 산오이풀의 보랏빛 색상이 역광으로 비치는 햇살을 받아 더없이 요염하게 느껴지고 바위틈 사이에서 간신히 고개를 든 구절초도 어느새 가을빛을 가득 품었다.

남덕유산에 도착해서 영각사 쪽으로 발길을 돌리니 정

말 멋진 풍경이 눈길을 사로잡는다. 우뚝 솟은 바위와 그 위를 올라갈 수 있는 계단들이 멀리서도 보인다. 어쩌면 자연을 훼손한 일인데도 왜인지 이번엔 아름답게만 보인다. 나도 이제 속물이 되어가나 싶다. 그 계단을 올라갈 일이 설레기까지 한다. 저곳을 보기 위해 왔던가 싶다. 한발 한발 가까이 가면서 내려다보는 주위 풍경이 아찔하다. 계단의 경사가 급해서 잘못하면 낭떠러지로 곤두박질칠 것 같다. 대피소 떠나올 때 직원이 조심하라고 신신당부하던 말이 그냥 하는 소리는 아니었구나 싶다.

철계단을 내려가면서 아찔한 순간을 경험했다. 경사가 너무 급해 스틱을 쓰지 못하고 양쪽 난간을 잡고 내려가야만 하는데 들고 가던 스틱이 오히려 불편했다. 난간을 한쪽만 잡고 한 손으로 스틱 두 개를 들고 가자니 자꾸 걸리적거린다. 속으로 하나만 있으면 괜찮은데 두 개라서 더 불편하다고 생각하는 순간, 스틱 하나가 손에서 쑥 빠져나가면서 철계단을 미끄러져 내려간다. 그 스틱을 잡으려다 하마터면 앞으로 꼬꾸라질 뻔했다. 가슴이 철렁했다. 결국 그 스틱은 때굴때굴 굴러 맨 아래 난간에 간신히 걸쳤다. 자칫 계단 공간 사이로 빠져나가 버렸으면 내려가서 주워 올 수도 없는 상황이어서 잃어버릴 뻔했다. 천만다행으로 다시 손에 넣을 수 있었지만 그 순간 스틱에도 듣는 귀가 있다는 생각이 들었다.

'그래, 세상에 존재하는 모든 것들은 모두 귀가 열려 있구나.' 그러니 누구한테든, 아니 세상 어떤 사실 앞에서도 결코 헛된 생각을 품지 말아야 할 일이다. 문득 간밤에 묵었던 삿갓재대피소 앞에 붙어 있는 문구 한 줄이 떠올랐다.

'유산여독서遊山如讀書', 산에서 노는 것은 독서를 하는 것과 같다는 뜻이런가. 산을 가까이하면 무엇인가 얻는 것이 있다는 의미 같다. 어쩌면 이번 산행에서는 모든 사물에는 귀가 있음을 느끼게 해준 산행이었다. 하기야 예전부터 식물들에 좋은 음악을 들려주면 더욱 잘 자라고 얼음도 더 곱게 언다는 설이 있기는 했었다. 그렇지만 아무런 변화가 없는 광물에도 그런 일들이 일어날까 싶었다. 그래서인지 그 순간에 일어났던 일이 그냥 아무렇지 않게 넘어가지 않는다. 섬광처럼 스치는 생각이 바로 '열린 귀'였다. 아니 더 정확히 말하면 '느끼는 귀'라고 해야 할까. 모든 사물 앞에서는 말만이 아니라 생각까지도 조심해야 할 일이라는 생각이 머릿속에서 뱅뱅거렸다.

그동안 살아오면서 겉 다르고 속 다른 행동을 하지 않았을까. 그러면서도 누가 알지 못하는 일이니 생각하는 것만큼은 아무렇지 않게 살았는지도 모르겠다. 이제 내 마음에도 경계를 해야 할 듯싶다. 곱게 늙어야 한다는 말은 몸가짐만을 말하는 것이 아니라 마음가짐도 말하는 것이리라. 산행을 한 보람이 있다. 산속에서 또 다른 산을 보듯, 삶 속에서 또 다른 삶을 찾아낼 수 있었으니.

여러 계단들을 어렵게 내려가고 나니 그때부터는 너덜길이다. 그야말로 정리가 안 된, 마치 홍수에 휩쓸려 내려왔을 법한 돌들이 끝없이 이어지는 바람에 무척 힘이 들었다. 처음엔 길을 잘못 들었나 했는데 간간이 이정표가 있는 것을 보니 길이 맞긴 했지만 어둡이 내려앉을 무렵엔 점점 걱정이 되었다. 발길은 돌에 치여 계속 터덕거리지, 날은 점점 어두워져 가지, 무슨 소리만 들려도 등줄기가 섬뜩해서 같이 가던 친구와도 아무 말도 못하고 발걸음만 떼었다. 다행히 어렴풋하게나마 달빛이 있어 길을 찾아 내려올 수 있었다.

영각사 탐방소를 지나고 나서야 마음이 안정되었다. 길도 넓어지고 걷기 편해져서 그때부터는 달과 반딧불을 벗 삼아 주차장까지 낭만을 즐기며 걸었다. 우리들의 콧노래가 조용한 밤길에 여울져 퍼져나갔다.

달빛이 내 그림자를 붙들고 늘어지며 더 놀다 가라고 응석을 부린다.

산책길에서

아련한 꽃길을 걷는다. 그 속을 걷노라면 마음 여린 새색시 걸음걸이가 된다. 야시시한 옷차림에 화관을 쓰고 꽃다발을 들고 걷고 있는 느낌이 든다. 그런 길이 끝이 없다.

요즘 천변 산책길이 우아하게 변했다. 사람 다니는 통로 외에는 거친 갈대나 억새들 또는 잡풀이 수북이 자라서 사람 키를 넘었는데 얼마 전 길 양옆을 조금씩 베어낸 자리에 잔풀이 돋아나고 있었다. 그 잔풀이 조금씩 자라더니 금세 꽃망울이 맺혔다. 하얀 개망초꽃이다.

개망초꽃이 한창이다. 주로 묵정밭이나 산자락에 피는 꽃으로 번식력이 강해 멀리서 보면 온통 안개꽃밭처럼 보일 정도다. 그러나 제대로 자란 개망초는 키가 껑충한데 내가 다니는 천변 산책길 옆에 핀 개망초들은 겨우 발목 높이에서 무릎 정도 사이의 길이다. 그래서 아주 운치 있는 산책길이 된 것이다.

자연의 순리는 어김이 없다. 때가 되면 제 할 일을 다 한다. 그 개망초 역시 키가 크든 작든 때가 되니 어김없이 꽃을 피운 것이다. 처음부터 자란 것은 키가 큰 상태로 꽃을 피우지만 늦게 새순으로 자라기 시작해서 키가 작은 것은 미처 크지 못한 상태에서 꽃피는 시기를 맞은 것이다. 그러다 보니 아주 작은 키에서 올망졸망 피어난다. 참으로 앙증맞은 꽃길로 변신한 것이다.

무엇이 이렇듯 내가 가는 길에 줄지어 환영해 주고 배웅을 해 줄 것인가. 오가는 이들 많아도 나와는 아무 상관 없는 사이이기에 얼굴 한 번 쳐다보지 않고 묵묵히 걸을 뿐이었는데 요즘은 개망초꽃들이 환한 얼굴을 들이밀며 인사를 하면 나도 모처럼 그들에게 미소를 보낸다. 참으로 안온한 느낌을 받는다.

너무 작아서 내 키를 낮추고 앉아야만 바로 볼 수 있는 것도 있다. 그런데도 꽃이 어찌 그리 야무지고 예쁜지 아무리 보아도 질리지 않는다. 여리면서도 당당한 면이 있어 좋다. 어찌 보면 잡초에 불과한 꽃이라서 그리 대우받지는 못하는 꽃이다. 그런데 이런 식으로 해 놓으니 꽃다운 꽃으로 변신했다.

모지랑이도 이렇게 좋은 모양으로 보일 때가 있구나 싶다. 비록 다 자라지 못한 처지라고 해도 제 할 일을 다 하고 있으니 얼마나 대견한가. 어디 그것뿐이랴. 넓은 공간에 어느 하나만 있다면 이런 풍경이 나올 수 없을 터인데 작은 것들이 모여 한 공간을 꽉 채우는 역할을 하고 있으니 참으로 떳떳한 삶을 사는 것이다.

모지랑이로 생을 마감해야 하는 애환이 없지는 않으리라. 애초부터 남의 눈에 보이지 않는 존재임을 자책하기도 했을 것이며 행인들의 발걸음에 치여 제대로 어깨 펴 볼 사이도 없을 듯하다. 원래대로라면 훤칠하게 자라 당당한 모습이었건만 무슨 이유로 날카로운 칼날에 싹둑 잘려 버렸나 싶어 억울하기도 했으리라.

그래도 모진 목숨 포기하지 않고 가까스로 새순을 밀어내어 숨통을 열고 둘러보니 여기저기서 하얀 고깔을 만들어 쓰고 있었겠지. 때를 놓치면 안 되리라는 생각에 있는 힘 없는 힘 짜내어 꽃망울을 밀어냈을 것이다. 남들이야 그까짓 것으로 알고 있겠지만 늦깎이로 허겁지겁 꽃망울 피워내는 일이 얼마나 힘든 일이었을까. 하지만 그 고통을 생각해 주지 않는 세상이라서 그저 혼자만이 겪고 감당해야 했으리라.

세상과 타협하지도 못하고 얼렁뚱땅 넘어가지도 못해서 반 얼치기가 되어버린 존재, 모지랑이가 되어 버렸으리라. 누가 모지랑이 취급을 했는지 스스로 그렇게 생각했는지는 모르지만 그렇게 모지랑이의 둘레를 벗어나지 못한 채 삶을 마감할 수밖에 없으리라.

그래도 누군가 가다 멈춰서서 눈 맞추어 준다면, 한번

쯤 어루만져 준다면 한없이 행복한 모습으로 남은 생을 살아가지 않을까. 아니, 그들의 감성으로 들어가 여운 남기는 향기로움을 전할 것이다.

기죽지 말고 살아 보라고, 꽃 피워 보라고, 그러면 누군가와 이웃이 되고 친구가 되고 연인이 될 수 있노라는 어느 시인의 감성 속에 푹 빠져 있는 날…….

모지랑이 풀꽃 앞에서 동병상련을 앓는다.

생의 고리

앙상한 나뭇가지 사이로 연 하나가 걸려있다. 누군가 날렸던 연의 줄이 끊어져 버린 모양이다. 그 연은 제 몸의 배가 넘는 긴 꼬리가 달린 방패연이다.

여기저기 찢긴 모습이 왠지 좀 처연해 보였다. 넓은 하늘을 향해 맘껏 날지 못하고 어쩌다 저렇게 되어 버렸을까. 오솔길을 오르내릴 적마다 자꾸만 마음이 쓰였다. 어쩌다 삶의 끈을 놓쳐버린 인생의 낙오자 같은 모습이어서 외면하고 싶기도 했다. 그러나 눈을 감고 다니지 않는 한 결코 피할 수 없는 일이었다. 그렇게 여러 날이 흘렀다.

이상하게 날이 갈수록 끝에 달리 꼬리의 펄럭임이 점점 정겨워 보였다. 드넓은 창공을 휘젓는 자태는 아니지만 그저 부는 바람에 제 몸을 맡긴 듯 나긋나긋한 모습이 마치 어린아이들의 율동 같아 보였다. 비록 몸체는 기동하지 못하지만 아직 숨을 쉬고 있는 생명체로 보였다. 어쩌면 연의 몸체는 꼬리의 움직임에서 생동감을 느끼며 마지막 생을 즐기고 있는지도 모르겠다. 어쩔 수 없는 환경에 매여 이러지도 저러지도 못하는 처지가 되었지만 연결된 고리가 있고 그것에서 느껴지는 태동이 있기에 견뎌낼 수 있지 않을까.

장애로 살아가는 엄마와 아이들이 있다. 어느 날 갑자기 엄마에게 찾아온 불행이 가족들을 더욱 불행하게 만들었다. 평범한 가정 속에도 끼지 못하는 그들에게 왜 그리 큰 고난이 겹치는 것인지. 엄마의 좌절과 고통이 고스란히 아이들에게 전달되면서 정서적으로 불안한 생활을 할 수밖에 없는 상황이었다.

그러나 어머니라는 자리가 그녀를 강하게 만들었다. 성하지 못한 자식들을 위해서 혼신의 힘을 다해 재기의 길을 택했다. 어떻게 하든 아이들의 마음에 그늘을 지우게 할 수 없다는 신념으로 삶을 이어갔다. 하지만 휠체어에 의지해야만 하는 그녀의 생활 동선은 작은 새장 속에서 움직이는 새보다도 단순했다.

그래도 그들은 그 누구보다도 깊은 정을 품고 있었다. 엄마와 아이들, 누이와 동생이 나누는 따뜻한 마음은 어떤 상황에서도 견딜 수 있는 힘을 갖게 했다. 그것은 서로 연결된 핏줄의 고리가 견고했기 때문이었으리라. 어려운 환경을 탓하기보다는 주어진 처지에 감사하는 마음을 품고 살아가는 아이들에게서 엄마는 살아갈 희망을 얻었을 것이다. 연의 모습이 정겹게 느껴졌던 건 그 가족들의 따뜻한 애정과 사랑이 연상되었기 때문이었던 것 같다.

요즘 들어 연이어 터지는 사건들을 보고 있노라면 무서

운 생각이 든다. 어쩌다 형제자매와 부모자식 간의 천륜마저 무너져 가고 있는 세상이 되었을까. 가까운 사람까지도 믿지 못하고 두려워하며 살아야 하는 어지러운 세상이다. 자신의 부덕함을 타인의 탓으로 여기고 가족을 자신에게 매여 있는 물건 취급하여 아무렇지 않게 함부로 다루고 버리기도 한다. 나 살기 싫으니 너도 같이 죽어야 한다고도 생각한다.

이런 세상을 받아들이기 싫어서 눈감고 귀 막으면서 살고 있는지도 모르겠다. 가까운 사람의 불행이 나와는 무관한 일이어서 다행이라고 생각하기도 하고 행여 내 발등에 불 떨어질까 아예 모르는 체하기도 한다. 그러다 보니 자꾸만 현실에서 도망치고 싶은 때가 있고 가끔은 무기력감에서 헤어나기 어려워 발버둥치는 경우도 있다.

그런데 보잘것없는 것에서 답답함을 헤치고 나갈 수 있는 탈출구를 찾은 것일까. 우연히 보게 된 나무에 걸린 연에서 묘한 감정을 느꼈다. 온전한 것에서보다 부족한 것에서 평화로움과 정겨움을 보고 그 모습에서 어렵지만 반듯하게 살아가는 사람들의 마음을 읽게 된 것이다. 많은 것을 가진 사람들의 냉기 도는 모습과 넓고 번드레한 집 안에서도 폭발할 듯 거친 성격, 화려한 옷 속에 묻혀있는 찌든 표정들에서는 감히 찾아볼 수 없는 감정들이 온화하게 퍼져 나왔다. 배고픔을 견디면서도 웃고 불편한 속에서도 서로 양보할 줄 알고 장애를 부끄럽게 생각하지 않는 사람들이야말로 천사 아닐까.

나의 부족한 것들도 탓하지 말아야 할 듯싶다. 부실한 신체도 내 몸의 일부요 부족한 지식 또한 내 인격의 일부일터이다. 현명하지 못하고 어수룩한 성격도 나의 일부이고 어느 한구석 부족한 곳이 있는 가족들도 나의 일부인 것이다. 이 모든 것들이 바로 나와 연결되어 있으니 내가 존재하는 것 아닐까. 설령 내가 움직이지 못하는 처지가 되어도 그 부족한 것들은 여전히 나와 연결고리가 되어줄 것이다. 그리고 그 모든 것들이 존재하는 한 나의 생은 태동을 느끼는 생동감으로 충만해질 것이다.

천지에 담근 씨앗 하나

하늘이 내려와 또 다른 하늘을 만들었다. 그렇게 만들어진 작은 하늘이 큰 하늘을 품고 있다. 만지면 베일 것 같아 감히 범접할 수 없는 칼날 같은 바윗돌도 품고 수없이 많은 사람의 발걸음 소리도 품었다.

하늘이 맑아서 눈이 부시는 날. 처음으로 본 백두산 천지의 경이로운 모습에 가슴이 벅찼다. 하늘에도 땅에도 지푸라기 하나 허용하지 않을 듯한 청명한 날씨는 그림자까지도 해맑았다. 살면서 그렇게 맑은 날을 본 일이 없었던 것 같은 생각까지 들었다. 천지의 접근을 막는 안전선 줄 안팎이 그렇게 다를 수가 있을까. 선 밖에는 발 디딜 틈 없이 많은 사람의 웅성거림이 왁자지껄하는데 선 안의 천지는 그렇게 고요할 수가 없다.

흠집 하나 없이 정갈한 천지가 내 눈앞에서 그 위엄을 과시하고 있었다. 온 국민이 다 모여 둥그렇게 원을 그리며 천지 하나를 힘껏 잡아당기는 것처럼 팽팽한 평면이었다. 그 위에 돌을 던지면 그냥 튕겨 나와 버릴 것 같은 꼿꼿한 자태로 보는 사람들을 압도했다. 나도 모르게 옷매무새가 가다듬어지고 마음가짐이 추슬러졌다.

우리나라 백두산이 이렇듯 웅장하고 아름답다니, 어찌어찌하다가 야생화 한 송이 볼 수 없는 시기에 가게 되었지만 그 아쉬움까지도 지워버릴 만큼 마음이 충만했다. 그 아름다운 풍경을 내 눈 속에 담을 수 있었으니 나는 분명 축복받은 사람이다. 저렇듯 아름다운 모습을 보고 싫어 하는 사람들이 얼마나 많던가. 저 모습을 보고 싶어 먼 길을 찾아 왔다가 못 보고 돌아간 사람들의 아쉬워하는 목소리들이 귓전을 간질인다.

우리 것이면서도 우리 것이라 할 수 없는 곳, 가까운 길을 놔두고 먼 길을 돌아 남의 나라 땅으로 왔다고 보여주지 않느냐는 어느 시인의 절규가 귓전에 쟁쟁하다. 훗날 내 나라 산천을 밟고 오거들랑 꼭 보여 달라고 간절히 애원했다는 시인. 왠지 그 시인에게 미안할 정도로 청명한 날씨가 만들어 낸 짙푸른 천지 색이 사뭇 애절하기까지 하다.

무슨 한이 저리도 깊은 것일까. 먼발치로 보이는 북한 쪽 산봉우리의 그림자가 깊숙이 내려앉은 곳은 더욱더 짙푸르다. 한 치의 여유도 허락하지 않을 듯한 외고집으로 뭉쳐있는 빛. 왜 그쪽 빛은 그리도 허탈함이 묻어 있을까. 먼 곳만도 못한, 가깝기에 더욱 아쉬운 곳을 향한 애달픈 마음이 긴 메아리 되어 저쪽 산봉우리에 닿았다가 되돌아온다. 그냥 허공으로 퍼지고 만 메아리라도 좋다. 그것을 양분 삼아 씨앗 하나를 천지 물에 담가 놓기로 했다.

내 나라를 대표하는 산을 올라 보고 싶은 생각에 마음먹었던 일이 있었다. 한라산을 종주하고 지리산을 종주했으니 다음엔 백두산을 종주해 보자고 마음먹은 지가 벌써 몇 년인지 모른다. 그러다가 백두산 트레킹 코스가 폐쇄되었다는 보도에 실망이 컸다. 하지만 이제 다시 새로운 희망의 씨앗을 하나 키워봐야겠다. 우리 것이라 말할 수 있는 곳에서 백두산 종주를 해 봤으면 좋겠다는 희망 말이다. 그것이 그저 이루지 못할 희망으로만 그치고 말지언정 희망 하나 키워 보는 것도 좋은 일이리라.

돌아오는 길 위에서 머릿속에 멋진 그림 한 장을 그렸다. 온갖 야생화가 만발한 산등성이 사이로 내려다보이는, 이슬 머금은 꽃잎 뒤에서 근엄하고 은은한 표정으로 세상을 올려다보고 있는, 둥실둥실한 구름과 소슬한 바람을 품고 있는, 아니 온 세상이 가지고 있는 모든 것들을 다 품고 있는 천지를 돌며 한발 한발 내딛는 나의 모습을 섬세하게 그렸다.

그리고 지금은 저렇게 도도하게 도시리고만 있는 저 북한쪽 봉우리에서 이렇듯 애달파 하며 보았던 이곳을 향해 짓고 있는 회심의 미소를 아주 크게 그려 천지 속에 담가 둔 씨앗으로 전송시켰다.

산길을 걸으며

산길을 걷는다. 그런 날은 아무 생각 없이 자신을 던져 놓아도 좋다. 갖추어야 하는 격식을 차리지 않아도 좋고 열리지 않는 마음을 굳이 헤집어 보여야 하는 부담감을 느끼지 않아도 좋다.

따박따박 걷는 내 발걸음 소리를 들어보고 흙속에 묻힌 자갈들을 건드려 보기도 한다. 아주 살짝 스치는 바람

소리에도 떨리는 나뭇잎의 예민함을 눈여겨보고 바위틈에 간신히 자리 잡은 풀꽃과도 눈 맞춤해 본다. 이름 지어진 꽃이 아니라서 예쁘지 않은 꽃이 있던가. 보는 이 없다고 아무렇게나 피는 꽃이던가. 아무리 작고 보잘것없어도 모두 다 앙증맞고 사랑스러운 꽃이다.

어느 산자락 구석에서 만난 꽃 한 송이가 발길을 잡는다. 자태가 참 고우면서도 왠지 외롭게 느껴졌다. 발길이 떨어지지 않는다. 첩첩산중 깊은 골에 혼자 서 있는 저 여린 꽃을 두고 어찌 매정히 돌아설까. 핑계 삼아 쉬어간다고 배낭을 내려놓고 주저앉았다. 한가로이 떠도는 구름도 함께하자고 움직이지 않는다. 사방이 너무 고요해서 내 숨소리가 메아리로 퍼져 나가는 듯싶다. 어느 순간부터 깊은 골짝으로 끌려 내려가는 것 같은 아늑함에 빠져들더니 몽클몽클한 아릿함이 밀려온다.

혼자여도 외롭지 않다고 생각했는데, 그래서 가끔 혼자 등산을 즐기곤 했는데 홀로 서 있는 꽃 한 송이가 내 안에 숨겨진 외로움을 끄집어내고 말았다. 서로 느끼는 외로움이 외로움을 달랜다. 혼자여서 외로운 것은 아니라고. 오히려 수많은 군중 속에서 느끼는 감정이 더 깊은 외로움이라고.

그동안 쌓았던 정이 순식간에 사라질 수도 있겠다는 생각 때문에 마음이 착잡한 요즘이다. 왜 나는 마냥 바보 같은 짓만 하고 산다는 생각이 드는 걸까. 그런 마음에 짓눌려 자꾸 가라앉고 처져가는 것 같다. 어울려 보고자 하는 울타리가 너무 컸었나 보다. 내가 감당하기에는 너무 많은 사람 속이어서 오히려 외톨이가 되어가는 느낌이다. 이만큼 살았으면 적당히 섞여도 되련만 왜 그리 물에 기름 돌 듯 녹아들지 못하는지.

건너다보이는 먼 산등성의 선이 곱다. 꼭 가위로 전정한 것처럼 가지런하게 보인다. 그 많은 나무가 어쩌면 저렇게 키 재기를 잘하는 걸까. 물론 가까이서 보면 크고 작은 것들이 조금씩 차이는 있겠지만 멀리서 전체적으로 보면 비슷비슷해서 평등하게 하늘을 향해 있는 듯하다.

식물에게도 규율이 있다 한다. 맨 윗부분의 나뭇가지들도 혼자만 우뚝 서기보다는 서로 엇비슷하게 자라려고 균형을 맞춘다고 한다, 또한 겨울이 지나 봄이 오면 먼저 맨 아래에 있는 것부터 잎을 피우도록 햇볕을 내리려 맨 윗부분의 나무들 잎은 조금씩 늦게 피어난다고 한다. 참으로 경이로운 일이다.

배려를 받아야 하는 것이 좋은지 배려를 해 주는 것이 좋은지는 모를 일이다. 다만 어느 부류에 속하든 숲을 이루고 있는 존재라는 것만은 확실하다. 어느 한쪽만 있어서는 결코 아름다운 숲이 될 수는 없을 것이다. 이런저런 것들이 어우러져 있어야만 제대로 된 숲이 되는 것이다.

세상도 마찬가지이리라. 이런 사람도 있고 저런 사람도 있어야 할 것이다. 그렇게 어우러진 사람들 속 어느 위치에 속해 있든 나는 나일 것이고 좀 바보같이 살아도 이 세상에 존재하는 인간일 터이다.

좀 못나도, 누가 알아주지 않아도 곱게 피고 지는 들꽃들. 산자락 빈틈에서 겨우 자리매김을 하는 꽃들이지만 거대한 숲의 일원으로 존재하듯, 나 역시 비록 좀 바브같이 살지만 이 세상의 일원으로 존재한다는 의미를 브여해 봐도 좋으련만 마음뿐이다.

바람 따라 구름이 움직인다. 더는 주저앉지 말라고 앞

장서서 떠나가고 풀꽃도 어서 가라고 온몸을 흔들어 인사한다. 다시 세상으로 들어가야 하는 발걸음이 터덕거린다. 그래도 가야 한다면 움직여야 하리라. 다만, 잠시 한때만이라도 산속의 정취에 흠뻑 취해 보리라고 온종일 걷고 또 걷는다.

풀꽃이 되고 나무가 되어 숲 속 식구로 섞여보고 구름 따라 바람 따라 떠돌이 친구도 되어 본다. 나비와 벌이 되어 꽃들의 사랑을 맺어주고 숲 속 요정이 되어 온산을 품어 본다.

콜로라도의 달 밝은 밤에

그저 짜인 일정에 따라 움직일 수밖에 없는 여행이어서 어디인지도 모른 채 도착한 곳은 어느 강가에 우뚝 선 호텔이었다. 호텔 로비로 들어가려는데 "Colorado River"라는 팻말에 화살표가 그려져 있다. 낮에 경비행기에서 보았던 그 긴 행렬의 강이라는 것을 알았다. 피곤해서 비실거리던 몸이 한순간에 화들짝 깨어났다.

숙소에 짐들을 팽개치듯 던져놓고 강가로 내려갔다. 그야말로 '콜로라도의 달 밝은 밤'이었다. 말로만 들었던 콜로라도강의 달밤 속을 걸을 수 있다니. 얼마나 가슴 설레는 일이던가. 반짝이는 물결이 아니었으면 난 그날이 보름날이었는지도 몰랐을 것이다. 노래 가사 속에서나 있을 법한 풍경을 볼 수 있다는 행복감이 잠자고 있던 감성을 깨워 들뜨게 했다.

둥실 떠 있는 달 밑으로 강 건너 건물 불빛들이 강폭의 거리감을 짐작하게 했다. 어둠에 가려 잘 보이지 않는 강물은 달빛을 품고 출렁일 때마다 어렴풋이나마 그 존재를 드러냈고 흐르는 물소리는 깊은 바닥으로 가라앉았다가 다시 치고 올라오는 웅장한 진동이 배어 있었다. 시간이 흐를수록 수십억 년을 흘렀다는 강의 저력이 느껴졌다.

사실 거대한 그랜드캐니언 속에서 보았던 강줄기는 그저 아름답기만 한 긴 끈이었다. 저 가는 물줄기가 어떻게 저리도 거대한 협곡을 만들어 놓았을까 하는 의구심 때문에 강같이 보이지도 않았다. 풍문으로 들었던 전설 같은 것들은 어디에 다 숨어 있는지 찾을 수가 없어서 아쉬운 눈길을 감추지 못했다.

강을 가까이 접하고 나서야 그 웅장하고 거대한 협곡의 물결 굽이들이 되살아났다. 어마어마한 협곡의 잔주름에 새겨진 역사의 흔적을 짐작할 수 있었다. 어디서부터 흘러온 물일까. 얼마나 긴 길을 굽이굽이 돌고 스치고 할퀴고 쓸어가며 도달한 길일까. 한 가닥 실처럼 보였던 강물의 실체가 서서히 느껴지기 시작했다.

역사의 흔적, 결코 숨길 수 없는 것들은 아무리 시간이 흘러도 후대에 전해지는 법이다. 그저 흘러가 버리는 물줄기이겠지만 끊임없이 이어지는 것처럼 인류의 역사도 그렇게 이어졌으리라. 강의 어느 한 부분을 잘라 낼 수 없듯이 버리고 싶고 감추고 싶은 것들을 제거할 수는 없을 것이다.

서부 전역을 가로지르는 콜로라도의 강물 속에 묻혀있는 사연 중 가장 아픈 일이라면 인디언들의 사연 아닐까. 물속에 담근 손끝으로 그들의 피맺힌 절규가 스멀스멀 기어 올라왔다. 백인들에게 경종을 울렸다는 어느 추장의 연설문이 떠오른다.

"나의 동족들에게는 이 땅의 그 어느 한 자락도 신성하지 않은 곳이 없습니다. 슬프기도, 행복하기도 했던 갖가지 사건들이 모든 언덕과 강, 평원과 숲을 신성하게 만들었습니다. 조용한 해변을 따라서 뜨거운 햇볕을 견디며 말도 없이 앉아 있는 죽은 것 같은 바위들조차도 우리 동족의 애환이 얽힌 감동적인 사건들을 떠올리게 해 줍니다. 당신들이 지금 딛고 서 있는 흙조차도 당신들의 발걸음보다는 우리 조상들의 발걸음에 더 정겹게 반응합니다. 그 흙은 우리 조상들이 흘린 피로 기름지게 되었기에 우리의 맨발은 그 흙의 정감 어린 손길을 알아차릴 수 있습니다. 당신네 도시의 거리와 마을들이 고요하여 적막하다고 생각되는 밤에도, 한때 그곳을 가득하게 채웠고 아직도 그 아름다운 땅을 사랑하는 영혼들로 붐빌 것입니다. 백인들은 나의 동족들을 정의롭고 친절하게 대해 주십시오. 죽은 사람들이라고 힘이 없는 것은 아닙니다. 죽음이라고 말했습니까? 죽음이란 없습니다. 다만 변할 뿐입니다."

그들에게는 전설이 있다 한다. 지금은 비록 땅도, 말도, 정신적인 혼까지도 다 빼앗기고 그림자처럼 살고 있지만 언젠가는 백인들의 끝없는 욕심으로 지구는 망할 것이고 그때 다시 서서히 일어날 것이라는.

그런 날을 기다리는 조각 하나가 만들어지고 있단다. 미국 마운트 러시모어에는 미국을 대표하는 네 분의 대통령(조지 워싱턴, 토머스 제퍼슨, 에이브러햄 링컨, 루스벨트) 초상화가 새겨져 있는데 그곳에서 그리 멀지 않은 곳에 인디언 추장 '크레이지 호스' 조각상을 만들고 있다. 자신들의 영역을 지키려고 처절하게 싸우다 전사한 인디언 전설적 영웅인데 그 크기가 대통령의 조각상들보다 10배나 크다고 하니 그 위력을 알만하다.

얼굴 하나만 완성하는 데 무려 54년이 걸렸단다. 말을 타고 초원을 달리는 모습을 완성하려면 얼마나 긴 시간이 필요할까. 그 어느 단체나 기관으로부터도 도움을 받지 않고 오로지 관광객들로부터 생긴 수입만으로 작업하고 있다니 그들의 강인한 정신력 또한 대단하다.

정말 그들이 믿고 있는 전설이 이루어질까. 그래서 다시 평화롭게 살아가는 인류가 될까. 어쩌면 가능성 없는 기약일지라도 미래를 향한 그런 꿈이 있기에 바르게 살아야 할 이유가 성립되는 것이리라.

끝없이 이어지는 푸른 초원을 보니 저 멀리서 그들이 말을 타고 달려 나올 것 같다. 그들은 과연 야만인이었을까. 비록 문명을 모르는 사람들이었지만 자연을 아끼고 사랑할 줄 알았던 참 인간이었지 싶다. 필요한 만큼만 사냥하고 배부르기를 원하지 않았던 그들이야말로 자연인이었다.

가끔, 기계적으로 살아가는 것이 버거울 때가 있다. 모든 것을 기계에 의지하고 기계에 지배를 당하고 있다는 생각이 든다. 그러면서도 그 유혹을 떨치지 못하고 있다. 아니 그 속에 들어가지 못하면 세상에서 뒤떨어지기나 하는 것처럼 기를 쓰고 덤벼든다. 이왕 그럴 바엔 그런 것들을 즐기기라도 하면 좋으련만 늘 마음 한구석에선 뒷걸음을 친다.

그런 굴레에 얽매이지 않고 그저 자유롭게 살고 싶다는 생각에 마음속으론 모든 일에 손사래를 친다. 그리고는 산으로 들로 쏘다니기를 좋아한다. 그러고 보면 나도 저 인디언 적인 기질이 있는 것일까. 인디언들에게도 우리와 같은 몽고반점이 있다는데 어쩌면 같은 혈족인지도 모르겠다. 그렇다면 저 거대한 조각상이 이루어지는 날에 평화의 날이 온다는 전설을 믿어 볼까 보다.

전 세계를 지휘하는 선두의 나라 미국에서 무엇인가 커다란 것을 얻을 거로 생각했다. 하지만 호화로운 도시에서 출렁거리는 환상의 빛보다는 끝없이 펼쳐지는 평화로운 초원과 고요한 사막과 유유히 흐르는 유서 깊은 콜로라도의 강물 빛이 더욱 마음을 끌었다. 긴 여정의 여독은 점점 풀려 가는데 달빛이 어우러진 강물 속으로 덤벙 뛰어든 마음은 아직 건져내지 못하고 있다.

3부

– 나란히 나란히 나란히 –

동요가 절로 나온다. 묵직한 아재의 헛기침이 나오고 간드러지는 아이의 웃음소리가 들리고 허리띠 질끈 동여맨 아낙네의 동동거리는 발걸음 소리가 들린다. 개구졌던 친구들의 장난기가 보이고 오손도손 둘러앉아 먹던 밥상이 보인다. 지저분했지만 정겹던 땟물은 어디로 갔을까.

– 어느 민속촌에서

추억의 음식

결혼하고 시댁에 살면서 나는 부엌에 설 자리가 없었다. 정말 아무것도 할 줄 모르는 문제의 새댁이었다. 설령 조금 알고 있다 해도 내가 살았던 지역과 음식문화가 많이 달랐다. 그러다 보니 시행착오도 많았고 웃지 못할 에피소드도 많았다.

내가 결혼해서 처음으로 맞는 설이었다. 차례상에 올라

갈 음식 중에 닭을 삶아 올리는데 갓 잡아온 닭 손질을 하게 되었다. 아직도 온기가 남아 있는 닭고기의 잔털을 뽑아내고 내장을 긁어내며 손질을 하다 보니 왠지 머리가 그대로 남아 있는 게 좀 흉측해 보였다. 내 딴에는 정갈하게 다듬는다는 것이 손대지 말아야 할 머리를 잘라 버린 것이다. 제사나 차례상에 올라가는 것은 되도록 훼손하지 말아야 한다는 사실을 몰랐던 것이다. 어찌나 민망하던지 누가 야단친 것도 아닌데 크게 꾸중을 들은 것마냥 괜히 주눅이 들었다.

어디 민망한 일이 그것뿐이겠는가. 같은 전라도 지역이면서도 말이 달라서 곤욕스러웠던 적이 한두 번이 아니었다. '콩지름'을 가져오라기에 식용유인 '콩기름'를 가져갔더니 식구들이 피식피식 웃었다. "콩지름 갖고 오라는디 왠 기름을 들고 오냐?" 하기에 정지(부엌)에 나가 다시 찾아보았지만 도대체 무엇을 가져오라는 건지 알 수가 없었다. 두리번거리다가 살강에 콩조림 한 보시기가 있기에 들고 들어가니 식구들이 와르르 웃어버린다. 나는 도망치듯 부엌으로 나왔지만 그 '콩지름'이란 것을 찾을 수는 없었다.

날은 지독히도 추워 문고리에 손이 쩍쩍 들러붙는 정도인데 들랑날랑하면서 이게 무슨 꼴이냐 싶어 서러웠다. 한참을 기다려도 들어가지 않으니 큰동서가 나와 "여기 있는데 그걸 못 찾노." 하면서 '콩나물' 접시를 치켜든다. 나는 볼멘소리로 왜 그것이 '콩지름'이냐고 물었더니 콩을 길러서 만든 나물이라서(기르다 → 지르다〈사투리〉) 그렇게 부른다는 것이다.

다른 사람들한테는 그저 한바탕 웃음거리였겠지만 새댁인 나는 부끄럽고 민망해서 자꾸 울먹거렸다. 일이 끝나고 모처럼 멀리서 온 친척들까지 화기애애하게 웃으며 즐거운 시간을 보내는데 나는 사람들 뒷전에서 삐질거리는 눈물을 애써 참고 있었다. 그런 내 모습을 시어머님이 계속 눈여겨보았던지 나를 부엌으로 데리고 나왔다. 그리고는 눈치보느라 밥도 제대로 먹질 못했을 거라며 직접 누룽지를 끓여 주셨다. 밥할 때 받아 두었던 뜨물을 붓고 은근하게 끓이다가 가마솥 바닥에서 자글자글 끓을 때 바가지로 박박 문지르니 걸쭉한 죽이 되었다. 뜨물을 넣어서 그런지 우유죽처럼 뽀얀 누룽지는 검은 가마솥과 은근한 조화를 이루며 식욕을 돋웠다.

그 맛이 기가 막혔다. 고소하고 부드러운 맛이 혀끝에서 뱅그르르 돌아 목구멍으로 넘어갈 때는 꼭 친정어머니의 품에 안겨서 받아먹는 것 같았다. 갑자기 친정 생각으로 목이 메더니 입에 들어가는 숟가락질 숫자가 많아질수록 눈물이 고였다. 시어머님 몰래 살짝 눈물을 훔쳤다.

"그렇게 서러부냐." 보지 않고도 다 알고 계셨다.

"어찌 내 설움만 헐것이냐. 자식을 셋이나 두고 훌쩍 떠나버린 서방 생각에 울고 잡퍼도 울 시간이 없이 고생했어야. 온갖 시집살이 다 허믄서 밥 한끼 제대로 먹지 못헐 때가 많았으니께 말 다했지야. 젖먹이는 보챘쌌는디 젖이 나와야 말이지. 그런 때는 식구들 밥 다 차려 들여보내고 나는 부엌에 쪼그리고 앉아 겨우 글캥이 한 주걱 먹은 후 지금맹키로 누룽지를 끓였다. 누룽지만이래도 많았으면 좋으련만 그게 어디 원대로 되는 일이간디? 그래도 이렇게 뜨물을 많이 붓고 걸쭉하게 해서 먹으면 내 배 차겄지, 아니 자식 배 차겄지 하는 생각으로 정성을 다 해서 끓여 먹었다. 그렇게라도 배부르면 서러울 것도 무서울 것도 없드라. 그렇게 고생은 했지만도 자식들이 다 잘 커서 잘 살고 있으니 참 다행이어야."

"아! 예."

"아직은 서먹해서 그렇지만 너도 차차 우리 식구라는 생각이 들면 괜찮아 질거니께 남기지 말고 다 먹고 배부르거들랑 배짱 내밀고 들어오니라. 니가 자신만만허면 아무도 너를 시비하지 못헐팅게. 함께 어울려야 빨리 한 식구가 되지야."

어머님이 젖먹이 젖을 내기 위해 먹었던 것처럼 나는 시집식구가 되기 위해 남김없이 먹었다. 아닌 게 아니라 배가 부르고 나니 두려울 게 없었다. 눈발이 처마 밑을 휘돌아 마룻바닥에 만들어 놓은 하얀 도화지 위에 내 발자국을 콕 찍어놓고 방으로 들어갔다. 화투판이 벌어진 식구들의 힘찬 팔놀림이 참으로 흥겹게 보였다. 슬그머니 끼어들었다. 결혼해서 처음으로 맞는 설 명절 한마당 어울림 판에 나도 독립된 음표 하나로 당당히 자리했다.

그 후 40여 년이 된 지금도 아궁이 잉걸불 앞에 앉아 누룽지를 먹으며 어머님과 대화를 나누던 때의 그 따릇하고 아늑한 분위기를 잊지 못한다. 그날의 그 누룽지는 그저 평범한 누룽지가 아니었다. 나의 존재를 또 다른 곳에 심기 위한 하나의 의식 같은 절차의 표식이었고 시어머님의 배려를 가슴 깊이 새길 수 있었던 음식이었다. 가끔 누룽지를 해 먹어 보았지만 그때의 그 맛을 감히 따라갈 수 없었다. 그것은 어머님만의 특별식이었기 때문이리라.

귀찮은 사람

방 입구에 들어서자 모든 사람의 시선이 우리에게 쏠린다. 하나같이 퀭한 얼굴이다. 잠시 멍한 얼굴이더니 금세 환한 얼굴로 우릴 쳐다보는 눈이 반짝 빛이 난다. 말보다 손짓이 먼저 반긴다. 뼈만 남은 앙상한 손이 어서 오라는 손짓을 하고 있다.

당연히 와야 할 곳인데 어머님은 우리가 오지 말아야

할 곳에 온 것마냥 '어찌 왔냐!'고 하신다. 무어라 대답해야 할 말이 선뜻 떠오르지 않아 손만 잡아드렸다. 그야말로 뼈와 가죽만 잡힌다. 잘 계셨느냐는 말밖에 더는 할 말이 없다. 자주 찾아와야 하는데 그리 못한 죄스러움과 긴 공백 기간으로 주고받을 만한 대화거리가 없어서였다. 하나 더하자면 이미 귀가 어두워지신 분에게 큰소리로 무슨 말을 한다는 게 쉽지는 않았다.

서로 손만 마주 잡고 간간이 주고받는 대화는 그저 별 의미 없는 상식적인 말이 전부였다. '식사는 잘하시느냐, 불편한 것은 없으시냐.'와 '아이들은 잘 크느냐, 몸은 아픈 데 없느냐.' 등등 윤기 없고 맥없는 말들뿐이었다. 사이사이 공간에 흐르는 침묵이 시간을 한없이 늘어지게 했다. 뭔가 해드려야 하는데 싶어서 가지고 간 간식거리를 챙겨드려 보지만 틀니마저 빼버린 입으로 뭣인가를 잡수셔야 하는 것이 더 힘들어 보였다. 간병인에게 틀니를 물어보니 아예 없단다. 틀니 관리가 힘들어서 아예 치워버린 모양이다. 그리고는 음식은 주로 미음과 영양 주스 등으로 해결하는 것 같았다.

무엇이든 잘 잡수던 때가 생각난다. 어느 것을 드시든 맛나게 드신 분이셨는데. 특히 고급스러운 음식보다는 간단하고 담백한 것을 더 좋아하셔서 식사 차려드리기가 참 좋았었다. 엉덩이를 다치지 않으셨을 때 한 번씩 외식을 시켜드리면 모든 것 다 마다하고 국수나 팥죽 같은 것만 찾으셨다. 우리는 오랜만에 좋은 음식 사 드리고 싶은데 찾으시는 것은 꼭 그런 하찮은 음식들이었다. 그래서 음식을 고를 때마다 실랑이하곤 했는데 그래도 그때가 좋았던가 싶다. 이제 그것마저 선택할 수 없는 상황이고 보니 비싼 음식보다 그런 음식이나마 맛있게 드시게 할 걸 그랬다는 생각이 앞선다. 하지만 여기서 그런 걸 따져 봐야 무슨 소용이 있을까. 이제 깨무는 것조차 힘들어서 저리 오래오래 입안에만 맴돌고 있는 상황인데.

어머님의 입안에서는 세월이 더디었다. 발딱 넘어가야 할 언덕을 오르다 미끄러지고 오르다 미끄러지는 듯 힘겨운 씨름이었다. 겨우겨우 뭉개서 넘기는 목덜미의 움직임이 곡예사의 줄타기처럼 아슬아슬하다. 찔끔거리며 넘긴 힘겨움 탓인지 어머님의 눈빛이 젖는다. 며느리의 정성을 물리칠 수 없어 차마 마다하지 못하고 넘기는 고통을 감수하고 난 후의 감동일까. 아니면 이제 아무것이나 먹을 수 없는 것이 서러우신 것일까. 먹을 것을 권한 내가 너무 죄송해서 손만 애꿎게 자꾸 문질러 드렸다. 뼈에서 쭉 따라 올라오는 가죽이 해맑다. 사람 피부가 이런 것이구나. 살이란 살은 다 삭아 없어져 버리고 남아있는 가죽은 세게 문지르면 그냥 흐물흐물 없어져 버릴 것처럼 투명하고 얇은 막이었다. 그처럼 여린 막이 그동안 어떻게 긴 세월을 버티어 왔을까. 긴 세월만큼이나 길고 고통스러웠을 어머님의 삶을 만지고 또 만져 보았다.

"여기는 귀찮은 사람이 오는 곳이여."

무슨 말인지 잘 몰라 멍해 있는데 그 말을 계속하신다. 귀찮은 사람이 누구냐고 물으니 바로 당신 자신이 귀찮은 사람이란다. 그제야 어머님 말씀을 알아차렸다. 귀찮으니까 이곳에 데려다 놓았다는 뜻인 듯했다. 가슴이 철렁했다. 여태껏은 차라리 이곳이 편하다고, 누구 눈치볼 것 없어서 마음 편하다고 하시더니 왜 마음이 변하셨을까. 몸이 불편하니 마음도 서러워지셨나 보다. 뭐라고 대답을 해야 할까. 또다시 침묵이 흘렀다. 선생님의 질문에 대답을 못 하는 멍청이 학생같이 되어버렸다.

친구 많아 좋다 하시더니 그것도 아닌 모양이다. 친구도 기운 좋고 건강할 때 이야기지 몸 아프니 외로우신가 보다. 함께 어울려 살던 때가 그리웠을까. 그리움이 원망으로 돌아섰을까. 어찌해야 할까. 마땅히 위로해 드릴 말을 찾지 못한 채 먹먹한 마음만 안고 돌아서 나왔다. 잘 가라는 손짓 너머로 얼핏 눈물이 보인다. 한없이 왜소해진 어머님 몸에 내려앉은 푸르딩딩한 형광등 불빛이 너무 시리다.

출입문 경계 문턱의 이쪽저쪽 분위기가 이처럼 다를까. 주차장 바닥에 쏟아지는 햇빛에 눈이 부시다. 실눈으로 바깥 풍경을 휘둘러보는 사이 병실에서 배어든 눅눅한 기분이 서서히 습기를 거둔다. 저 고실고실한 햇살 한 줌, 몇 달째 병실 침대에 꽁꽁 묶여 있는 어머님에게도 전할 수 있다면 좋으련만…….

'귀찮은 사람.'이라는 말이 이명처럼 쟁쟁거린다. 어머님에게서 전염이라도 된 것일까. 나도 언젠가는 '귀찮은 사람'이 되어버릴지도 모른다는 생각에 자꾸만 마음이 허해진다. 만약 그리된다면 아무리 날고뛰어도 거부할 수 없는 상황 아니던가.

무엇으로 이 허한 마음을 채워 볼까 싶어 전에 없이 부산해진 마음으로 이곳저곳을 기웃거리고 있다. 아직은 '귀찮은 사람'이 아니라는 것을 증명이라도 하듯, 움직일 수 있을 때 더 많이 보고 느끼고 즐겨보자고 팔을 크게 휘젓시며 돌아다닌다.

꽃가마 타고 가시는 날

꽃가마 타고 시집와서 꽃가마 타고 떠나시네요. 그대로 금방 하늘을 날 듯한 가벼운 모습이 고운 천사이십니다.

관 속엔 이미 꽃이 가득히 자리하고 있더군요. 금방 막 피어난 듯 싱싱하고 향기 가득한 꽃들이 생글거리며 누군가 들어오기를 기다리고 있었습니다. 여태껏 그리 아름다운 꽃을 본 적이 없는 것 같은 착각으로 현기증이 났어요. 하늘하늘한 꽃안개와 아기자기한 소국과 향기 가득한 장미들이 저마다 가진 향기를 내뿜으며 조용히 미소 짓고 있었습니다. 순간, 그 속에 빠져들고 싶었어요. 그 자리가 내 자리여도 좋겠다는 생각이 들 만큼 향기로웠습니다.

관이 그처럼 아름답게 보일 수 있을까요. 어둠이라는 이미지가 전혀 들지 않았습니다. 영영 이 세상을 떠나는 관이 아니라 영원히 그 속에서 꽃놀음을 해도 좋을 듯싶은 꽃가마였어요. 천천히 꽃을 가지고 놀고 계시라고 하고 싶습니다. 화관을 만들어 쓰고 꽃반지를 만들어 끼고 부케를 만들어 들어 보라고 하고 싶습니다. 30세도 못 된 나이에 먼저 가신 낭군님을 만나려면 젊고 아름다운 모습으로 변신해야 하니까요, 그러니 꽃 속에서 하나씩 하나씩 정성 들여 치장해 보세요.

어머님을 만난 이후로 한 번도 보지 못했던 얼굴입니다. 분과 립스틱을 바른 얼굴이 다소 생소하기도 했지만 참으로 어여쁘셨습니다. 얼굴에 그 흔한 로션조차 바르기를 거부하셨던 어머님은 무슨 마음이셨을까요. "서방 없는 년이 얼굴을 가꾸어서 뭐 헌다냐?" 하시던 말씀이 아직 귀에 생생합니다. 그러나 이제 낭군님을 만나러 가시니 정성껏 가꾸셔야겠네요. 그래서 화장을 해 드릴 때 싫다고 하지 않고 가만히 계셨나 봅니다.

"머스마 새끼만 셋을 낳고 치다꺼리하다 보니 손 마를 날 없었어야. 거기다가 매운 시집살이에 짓눌린 가슴은 늘 새 가슴마냥 빨딱거리더라. 그래도 내 새끼들 눈에서 눈물 흘리게 하고 싶지 않아서 그냥 눌러살았지야. 새끼들만 아니면 진작 뛰쳐나갔을 것인디." 그렇게 살아야만 했던 삶에 마냥 허망해 하시던 모습이 역력합니다. 그래도 아들들 잘 키웠으니 저세상에 가면 떳떳하게 만날 수 있다고 자랑스럽게 말씀하셨지요. 그러다가도 '서방은 젊디나 젊은디 나는 이렇게 늙어버려서 못 알아보면 어떡허냐. 나를 못 알아보고 다른 젊은 여자와 살고 있으면 어떡헌다냐.'고 걱정하셨지요. 참으로 순박하신 마음에 절로 웃음이 나왔더랬습니다.

꽃가마가 떠나는 날, 하늘이 너무 무심했지요. 아니 이 세상을 하직하는 어머님의 눈물이었겠지요. 허구한 날 남

몰래 훔치고 감춘 눈물이 한꺼번에 쏟아진 듯합니다. 누군가 옆에서 등 토닥거리며 닦아주었으면 그리 고인 눈물이 되지는 않았을 텐데 어디에도 하소연할 수 없어 혼자 안으로만 새겨 놓았으니 오직 했을까요. 박복하여 말 나눌 딸 하나 없다고 한탄하셨지요. 그렇게 쌓이고 쌓인 한이 눈물로 변했나 봅니다. 눈물 같은 비가 쏟아졌습니다.

그래도 행복하셨지요? 어머님의 자손들이 줄줄이 이어 비닐천막을 쳤지요. 행여 어머님이 덮으실 이불에 물이 스며들까 봐, 자기네들은 비에 젖어도 오직 어머님에게 덮어 드릴 흙이 젖지 않도록 하려고 무척 신경을 썼습니다. 비닐에 고인 빗물을 옆으로 버리려다 하마터면 가운데로 쏟아질 뻔했지요. 모두 깜짝이나 놀란 표정들로 간신히 위기를 모면했습니다. 그곳에 모인 분들은 어머님의 눈물을 함부로 다룰 수가 없었을 겁니다. 한평생 서럽게 살았던 일들을 다 알고 있으니까요. 조심조심 어르고 별러서 한쪽으로 쏟아냈습니다. 마지막 순간이나마 어머님의 눈물을 닦아드리는 심정으로 힘을 모았습니다.

잠시 닫혔던 하늘 문이 열렸네요. 하늘 한쪽이 밝아지

면서 조금씩 개운해집니다. 실컷 울고 나서 느끼는 감정이 그런 것 아닐까요. 썩어 문드러졌던 가슴앓이들을 다 쏟아내셨는지요. 사람들은 그랬습니다. 잠깐 참아줬으면 좋았을 걸 웬 비가 그리도 짓궂게 쏟아졌느냐고. 그런데 저는 아닙니다. 차라리 잘된 일이라고, 그렇게라도 뭉친 응어리 풀고 가시는 기회가 되어서 참 다행이라고요.

다 내려놓으시고 편히 가시라는 말이 쉽게 나오지 않네요. 제가 한 약속을 지켜드리지 못한 죄스러움 때문일 겁니다. 저희 집에 모셔오면서 돌아가시는 날까지 모시겠다는 말씀을 드렸던 걸 얼마나 후회했던지요. 약속이란 그렇게 쉽게 하는 것이 아니라는 걸 절실히 느꼈습니다. 결국은 요양원으로 가시게 되었으니 그야말로 허울 좋은 약속이 되어버렸지요.

그래도 남들 앞에서 좋은 며느리들이었다고 하시던 말씀이 가슴 아프게 다가옵니다. 당신의 자존심 때문일까요. 집안의 명예 때문일까요. 곱지만은 않았을 며느리들에게 고맙다고 말씀하시네요. 가시면서 저에게 남겨주신 교훈인 듯합니다. 저도 어머님의 그 넉넉한 마음을 본받으려 합니다.

아직은 어설픈 뭇자리만큼이나 어정쩡하고 울적한 마음들입니다. 하지만 흙이 단단해지고 뗏장도 푸르게 자리 잡으면 어머님 자손들의 웃음이 선산을 가득 채울 것입니다. 밝은 웃음이 넘치는 집안으로 맥을 이어 갈 것입니다.

편안히 고이 잠드소서!

엇갈린 모정

친정어머니를 절에 모셔다 드리는 날이다. 어머니 집으로 가려고 아파트 담 모퉁이를 돌아서는 순간 커다란 트럭이 앞을 가로막았다. 그 좁은 골목에 어떻게 저런 큰 트럭이 들어와 있을까. 아마도 이 골목에서 밤을 새우고 다시 일터로 나가기 위해 움직이는 모양이다.

잠시 기다리면 되겠지 했던 것이 자꾸 늦어져 갔다. 골목을 빠져나가기 위해 차를 움직이기가 어려운 모양이다. 몇 차례 앞으로 나갔다가 뒤로 물러나기를 하다가 겨우 모퉁이를 돌아나갔지만 좁은 골목에 주차에 있는 다른 차들을 비켜나가기가 쉽지 않나 보다.

'나도 빨리 가야 하는데.' 하는 마음에 자꾸 조바심이 났다. 제시간에 도착하지 않으면 역정부터 내는 어머니 성질을 익히 알고 있는 터라 내 마음속에서는 초를 다투는 소리가 났다. 하지만 저 트럭 운전자는 그걸 알 턱이 없을 것이다. 아니 설령 안다고 해도 그 상황에서는 어쩔 도리가 없는지라 어떻게 해볼 상황이 아닐 터이다. 시간은 어느덧 10여 분을 훌쩍 넘겨 버렸다.

어머니께서는 기다리시다가 지금쯤 또 서슬 퍼런 얼굴이 되어 있을 텐데, 또 버럭 성질을 내시면 어떻게 하지 싶은 마음에 미리 대답할 궁리를 하고 있었다. 순순히 죄송하다고만 하고 모르는 척 넘어갈까, 아니면 어쩔 수 없는 상황인데 어쩌느냐고 따질까. 한두 번도 아니고 조금 늦을 때마다 곱게 넘어가 주시지를 않는 분이셨다. 아무리 상황을 설명해도 내 말은 전혀 귀에 넣지 않으시고 무턱대고 늦은 것만 야단이셨다. 그러고 나면 그 후유증 또한 깊다. 모녀간에 두고두고 감정 대립이 되어 신경을 곤두세우곤 한다.

그러다 보니 이런 경우가 생길 때마다 생긴 버릇이 있다. 울렁증이다. 어머니 못지않게 조바심을 내면서 가슴이 울렁거리는 것이다. 이번에도 예외는 아니어서 어머니가 낼 성질을 내가 미리 내는 것이었다. 이런 상황이 된 다음에 어머니와 대면하면 어머니 말씀 한마디에 나 역시 툭 불거진 말투가 나오고 만다. 그리고는 내내 불편한 마음이 지속된다.

이런 일로 한 번 크게 다투고는 좀 나아졌지만 그 성질을 버리지 못하시니 이번에도 역시 그냥 넘어가지 않으리라는 생각에 미리부터 화가 나는 것이다. 매번 그냥 넘어가 버리면 계속 갈등이 이어지겠기에 또다시 한 번 짚고 넘어가야 하겠다는 생각으로 미리부터 대응할 준비를 하고 있었다.

트럭이 겨우 빠져나간 뒤 급히 차를 세우고 어머니 집

쪽으로 올라갔다. 역시 나를 기다리다 못해 혼자 짐을 들고 절뚝거리며 내려오신다. 나는 차라리 어머니 얼굴을 쳐다보지 않기로 했다. 화가 많이 나 있을 때 어머니 얼굴 보기가 무서웠기 때문이다. 얼른 보따리만 받아서 차에 싣고 운전석에 앉았다. 뒤이어 어머니가 조심스럽게 차에 오르셨다. 차 문이 닫히고 어머니가 뭐라고 하며 화를 내실까 싶어 침을 꼴깍 삼켰다.

"밥이나 제대로 먹었냐?"
"어?, 으으응, 먹었지."
"늦었다고 허둥지둥 밥도 못 먹고 왔나 싶어서."
"아니, 먹고 설거지까지 다 하고 나왔어요."

의외로 부드러운 어머니 태도에 당황했다. 어머니께서 저렇게 나오실 줄은 꿈에도 생각 못 하고 싸울 준비를 하는 사람처럼 도사리고 있지 않았던가. 순간, 잔뜩 긴장했던 마음이 풀어지며 왈칵 목이 메었다. 저렇게 다정하실 때도 있구나!

먼저 보낸 아들들에 대한 애절함 때문에 남아 있는 자식들에겐 늘 냉정한 어머니셨다. 우리들에게 잘하면 그 아들들에게 미안한 마음이 되시는 모양이다. 그래서 우리는 늘 어머니의 눈치를 살피며 살았다. 그 어두운 그늘에서 벗어날 때도 되었건만 헤어나지 못하는 어머니가 원망스럽기도 했다.

그런데 이제 조금 달라지시려나 하는 마음이 들었다. 좋은 일이고 반가운 일이다. 그래서 쫑알거리기도 하고 웃기도 했다. 그러면서도 자꾸 목이 메는 이유는 무엇인지 모르겠다. 돌아가실 날이 가까워지면 마음이 변한다더니 그러시는 것일까 싶다.

요즘 들어 부쩍 어머니 기억력이 쇠퇴해져 가는 걸 느낀다. 평소에 우리들은 어머니를 컴퓨터라 했다. 가족이나 친척들 전화번호며 집 주소들을 다 외우고 있어서 갑자기 알아야 할 때는 어머니에게 전화해서 물어볼 정도였다. 그런데 요즘은 도리어 나한테 물어보고 돈 계산도 서투르시다. 목소리도 점점 나약해져 간다.

가을 하늘이 참 맑다. 어머니에게 저 하늘 좀 쳐다보라고 말하면서 백미러를 보니 어느새 잠이 드셨다. 머지않아 저대로 영원히 눈을 감으시는 날이 오리라. 얼른 눈을 돌려 차창 밖의 풍경에 마음을 쏟는다. 그리고는 자꾸 삐져나오는 눈물을 삼키며 우기고 있다. 나는 지금 억새 위로 쏟아지는 은빛 햇살이 고와서, 들판의 노란 물결이 황홀해서 가을앓이를 하는 거라고…….

잊혀 가는 길

하늘이 맑다. 하늘은 맑은데 스산한 바람 때문인지 마음이 어수선해진다. 어머니의 마음조차 내 어수선함을 더욱 산란하게 한다.

명절이 가까워지자 자꾸만 먼저 간 아들들만 들먹인다. 다들 고향 찾아, 부모 찾아 모여드는데 너희는 어찌 소식이 없느냐고, 그런 어머니 마음을 다독여 드리고자 나들이를 나섰다. 오빠의 흔적을 찾아가기로 했다. 어머니도 알고 계시는 곳이기에 그곳에 가면 조금이나마 위안이 될까 싶었다. 용담댐은 예나 지금이나 변함이 없다. 다만 물 수위가 한참이나 낮아져서 하얗게 드러난 부분이 꽤 넓게 그려져 있다. 왠지 삭막해 보인다. 아마도 마음 탓인 듯하다.

용담댐을 건설할 적, 오빠는 그곳에서 현장 소장으로 일하고 있었다. 어느 날, TV 뉴스에 나오는 아들 모습을 보고 자랑스러워하셨던 부모님 모습이 아직도 눈에 선하다. 언제 어디서나 오로지 투철한 직업 정신으로 일을 처리하는 건설인이었다. 그런데 예상치 않은 사고로 그곳에서 떠나야 하는 일이 생기고 말았다. 결국 명예퇴직으로 직장을 마무리하고 말았다. 오빠가 그곳을 떠난 후에도 어머니와 나는 자주 그곳을 찾아다니며 오빠를 생각했었다.

그날도 그렇게 어머니에게 오빠의 흔적을 찾아드리고 싶었다. 이미 고인이 된 오빠의 흔적을 찾아 무얼 할까마는 그래도 저렇듯 자식 생각에 애간장이 타는 모습이 안타까워서였다. 아무 말 없이 조용히 생각에 잠겨있는 어머니의 심정이 지금 어떨까 싶어서 선불리 말을 꺼내기도 어려웠다. 전혀 말씀이 없으시니 내가 괜한 짓을 했나 싶어 후회되기도 했다. 말은 그만 잊어버리라고 하면서 왜 나는 이렇듯 다시 생각하시게끔 일을 만들고 있는지 모를 일이다. 이런저런 생각으로 한참을 마음 졸이며 운전을 하는 내게 여기가 어디냐고 물으신다.

나는 멈칫했다. 이곳을 잊어버리셨나? 하기야 요즘 부쩍 기억력이 쇠퇴하시고 약간의 치매가 있는 상황이다. 그래서 혼자 계시게 하기 어려운 상태이니 모를 수도 있겠다 싶었다. 하지만 그럴수록 어머니의 기억력을 되찾게 하고 싶은 마음이 앞섰다.

"용담댐이요."
"용담댐이 어디다냐?"
"용담댐 모르겠어? 생각나는 사람 없어?"
"누구?"

울컥했다. 역시 어머니의 기억력이 고장이 나셨구나. 이 길이 어떤 길인데 아무 생각이 나지 않을까. 아무리 아니라고 부정하고 싶어도 이제 어쩔 수 없는 현실이 되어가고 있다. 그처럼 총명하고 기가 팔팔하시던 분이 어찌 이럴 수가 있을까. 차라리 다행이라고 생각해야 할 일이건만 마음이 무겁다. 오빠 이야기를 해 볼까? 아니지 그럼 더욱 혼란스러워지실 테니 그냥 묻어 두기로 하자. 그것이 어머니를 위한 일일 것이다.

때론 뭔가를 잊는 것도 좋은 일이리라. 그 숱한 인생역정을 일일이 다 기억하고만 있다면 어찌 감당할 것인가. 산다는 것은 뒤로 가는 것이 아니라 앞으로 나아가는 것이라고 했던가. 아무리 살아온 삶이 힘들었다고 해도 그것들은 다 지나간 흔적에 불과한 것이라고, 그러니 앞만 보고 나아가는 것이 삶의 정답이라고 말이다. 적당히 잊어야 할 것들은 잊어주는 것이 살아갈 수 있는 길일 것이다.

어머니에게 이 길은 아들을 잊지 못하는 고통의 길이었지만 이제 서서히 그 고통의 길을 잊고 계시나 보다. 구불구불 돌아갈 때마다 넋두리 한 고랑씩 만들어 놓고 한숨으로 채워놓더니 그런 사실조차 모르고 계시지 않은가. 차라리 잘된 일인 듯싶다.

용담호의 파란 물이 내려다보이는 정자에 앉아 스산한 마음을 달래며 넋을 놓고 있었나 보다. 자꾸 시계를 들여다보며 1시가 되어간다고 하신다. 그러고 보니 어머니 점심시간이 지났다. 머리를 흔들어 정신을 깨우고 음식점을 향했다. 시래기가 담뿍 든 매운탕을 맛있게 드신다. 이상하게도 다른 때보다 더 식욕을 느끼시는 모양이다.

"맛있어요?"

"응, 맛나다. 때가 넘어서 그런가 보다."

"많이 드세요."

어머니의 그릇에 국을 덜어 드리는 내 손이 자꾸 헛손질이다. 그리고 주문을 외운다. 이제 그만 오빠를 잊어버리시라고, 이렇게 아무 생각하지 말고 맛있게 잘 드시기나 하시라고. 그러면서 나는 왜 자꾸 목울대가 아픈 것일까. 하늘은 저리 맑은데…….

돌고 도는 길

돌아가는 세탁기 앞에서 30여 분을 앉아 있었다. 세탁기를 산 후 10여 년이 흐른 지금에서야 처음으로 빨래를 건조해 보았다. 처음엔 너무 오랫동안 사용해 보지 않던 코스여서 행여 세탁기에 이상이 생기면 얼른 작동을 멈춰야 한다는 생각 때문에 지켜보고 있었는데 점점 시간이 흐르면서 세탁기 속 빨랫감들의 움직임을 보는 것에 빠져들었다.

정신없이 돌아가다 잠깐 쉬고 다시 돌아가는 빨랫감들이 그야말로 뒤죽박죽이다. 이리 엉키고 저리 엉켜서 함께 뭉쳐 돌다가도 어느 순간엔 다시 풀어져 제각각 뒹군다. 어두운 빛깔들로 범벅될 땐 묵직한 체증이 밀려드는 듯하기도 하고 아무 생각 없이 돌아가는 대로 모든 것을 맡겨버린 채 멍청이가 되어버린 사람의 표정 같기도 하다.

그 속에서 잠깐씩 밝은 얼굴로 생긋 웃는 듯한 것이 보인다. 분홍색 덧신 한 켤레가 어린아이처럼 천진난만하게 깔깔대는 것 같다. 정말 아무것도 모르고 그저 함께 뒹구는 것이 좋아서 마구 웃어대는, 그래서 세탁기 속 빨랫감들이 덩달아 기분 좋아지는 듯한 분위기를 풍긴다. 은근히 다시 나오기를 기다렸다. 잠깐 숨었다가 다시 보이는 순간마다 그 분홍 덧신이 참으로 고와서 마음이 점점 맑아져 갔다.

건강해서 오로지 일만 알고 살던 여동생에게 먹구름이 끼였다. 그 어느 암보다도 위험하다는 림프암 진단을 받고 힘든 시간을 보내고 있다. 그동안 치료를 받으면서도 일을 놓지 못할 정도로 열성적인 삶을 살고 있지만 힘들어하는 내색이 없다. 이제 막바지 단계라는 고난도 치료, '조혈모세포이식'을 하려고 준비 중이다. 그 과정에서 환자가 무균실에 들어가야 하는데 모든 물건을 다 소독처리 해야 한다는 것이다. 그래서 무균실에 들어가 쓸 옷가지들을 삶은 뒤 말리려고 세탁기에서 일차 건조한 것이다.

잘 마른 옷가지들을 곱게 접어 병원으로 가지고 갔다. 동생이 예쁜 분홍덧신을 신었다. 다른 옷가지는 무균실로 올려보내고 마지막 검사를 하기 위해 종종걸음을 걷고 있는데 그 분홍덧신이 동생의 모습을 환하게 밝혀 주었다. 그것을 보는 순간, 저 고운 빛깔이 제 몫을 해줄 거라는 확신이 들었다.

분홍하면 봄을 상징하는 색 아니던가. 그렇게 내 동생의 일상에 봄 같은 기운이 번져들 거란 생각이 들었다. 그 힘든 난관 앞에서도 한 번도 내색하지 않고 마냥 평온한 얼굴이다. 동생의 성정이 낙천적이어서 다행이다 싶다. 그런 성정이 어디 일부러 만들려고 해서 만들어지겠는가. 어려서부터 익히 보아오던 착한 심성에서 나오는 힘일 것이다. 그 분홍덧신이야말로 그런 내 동생의 착한 심성과 많이 닮았다.

무균실에 들어간 지 첫 번째 면회 날이다. 두꺼운 유리문을 3개나 통과하고도 여기저기 비닐로 차단했다. 비닐 속에 갇혀 있는 동생의 말소리가 잘 들리지 않는다. 머리 한 올 없이 빡빡 밀어버린 민머리를 만지작거리며 살포시 웃는 모습이 천진난만한 동자승 같다.

“웃는 걸 보니 아직 견딜 만한가 보다.”

“응, 아직은 시작이라서 그런가 봐. 이제 갈수록 힘들어진다고 하네.”

“그래, 잘 견디렴. 너는 충분히 이겨 낼 거야.”

“그럴게. 그런데 나 이제야 언니가 옛날에 참 외로웠었겠다는 생각이 들어.”

내 눈을 피해 살짝 내려뜨리는 동생의 눈 밑으로 그늘이 진다. 에둘러 표현하는 말속에는 힘들어 죽겠다고 푸념하는 말보다 더 깊은 외로움과 힘겨움이 묻어난다. 그렇다. 동생은 지금 본인이 겪고 있는 외로움에서 예전의 내 마음의 그늘을 짐작하고, 나는 예전의 갇힌 공간에서 맛보았던 고독이 동생의 눈 밑 그늘에 서려 있음을 읽고 있다.

그 좁은 공간 속에서 탈출하고 싶은 마음이 얼마나 간절할까. 단지 눈에 보이는 것만이 아닌, 보이지 않는 것까지 몽땅 가두어 버린 현실 속에서 바깥세상을 바라보고 있으리라. 어찌 창 너머로 보이는 야경이 아름답기만 할까. 한 발 내디디고 싶어도 저 가벼운 비닐조차 걷어낼 수 없는 환경에 처해있다는 무력감에 짓눌러 있으리라.

바깥 풍경을 담아 보자고 찍은 사진 속은 유리창과 비닐에 비친 자신의 모습이었다는, 밖으로 향하고 싶은 마음마저 제 안에 갇혀있는 것 같더라는, 그래서 화들짝 놀란 가슴을 쓸어내렸다는 말이 너무 마음 아프게 전해왔다.

잘 견디고 있느냐는 내 문자에 답이 없는 걸 보니 이제 너무 힘들어 모든 것이 귀찮은 듯싶다. 아니면 더는 아무 말도 하고 싶지 않은 걸까. 그래, 입으로 외롭다고 하지 말자. 힘들다고 투정부리지도 말자. 그저 살짝 스쳐 가는 몸짓만으로도 모든 걸 느낄 수 있는 그런 느낌으로 나누자. 그렇게 살아가자. 내가 지금 이렇게 건강을 되찾아 살아가듯이 너 또한 그렇게 될 거다. 세상은 돌고 도는 길이니까 그냥 그 흐름에 맡기고 지내다 보면 다시 밝은 날이 돌아올 거다. 그때 우리 같이 마주 보며 환한 마음을 나누자. 그 분홍덧신처럼 고운 빛만을 품고 살아가자.

독살 속 고기

창문으로 살짝 스며든 아침 노을이 눈까풀을 두드린다. 지난밤 오랜만에 만난 정을 나누느라 밤늦도록 수다를 떨며 밤을 지새웠지만 잠자리를 박차고 일어났다. 모처럼 나온 여행지에서의 아침 산책을 생략할 수는 없기 때문이다.

마당이 넓은 바닷가 펜션은 그리 화려하지도 누추하지

도 않아서 하루 묵어가기는 안성맞춤이었다. 잔잔하게 깔린 자갈의 청청한 소리가 새벽공기에 여울져 나가면서 내 발걸음을 끌어간다. 바닷가로 내려가는 계단에서 넓은 모래펄을 내려다본다. 거의 끝이 보이지 않을 정도로 물이 쑥 빠져 있다.

저만치에 둥그스름한 돌담이 있다. 가만가만 다가가서 보니 이름만 들었던 '독살', 즉 '석방렴石防簾'이다. 밀물 때 둑안에 가득했던 물이 썰물 때는 물만 빠져나가게끔 통로 하나만 만들어 놓았다. 그런데 그 통로 입구를 막아 놓은 그물망이 열려 있었다. 독살 주인이 이미 다녀갔는지 아니면 올 수가 없으니 아예 그물망을 걷어 놓은 것인지 모를 일이다.

그렇게 통로가 열려 있었는데도 고기 한 마리가 유유히 헤엄치며 놀고 있었다. 물이 얼마 남지 않아서 공간이 좁은데도 그 고기는 밖으로 나갈 생각을 하지 않는 것이다. 어쩌면 그곳에서 빠져나와 보았자 물이 많은 바다로 나가기에는 너무 먼 거리이고 그곳까지 물길이 제대로 닿지 않는다는 것을 알고 있는 것일까.

그렇기에 그 장소에 만족하고 유유히 헤엄치면서 여유를 부리고 있는 것처럼 보였다. 마치 어항 속의 붕어처럼 조바심이나 불안함 같은 것은 전혀 느껴지지 않고 평화스러워 보이는 모습이 참 예쁘다.

여행 분위기가 습기에 젖은 종이처럼 눅눅했다. 일상을 탈출한 풋풋함으로 팽팽해져 있어야 할 마음들이 바람 빠진 축구공처럼 쭈글쭈글한 기분이었다. 함께해야 할 친구 한 명이 없으니 사람들의 마음이 별로 편치가 않았다. 같이 왔으면 좋을 텐데 하는 아쉬움 뒤로 그 친구의 마음가짐이 밉기도 하다. 자신의 처지를 받아들이지 못하고 자신만 못사는 것에 대한 불만이 늘 끊이지 않는다. 별 뜻이 없는 말에도 신경을 곤두세우며 곧게 받아들이지를 못하고 주고받는 말투에 비틀어진 심성이 드러난다.

사사건건 "못산다고 무시한다."는 소리를 입에 달고 산다. 그런 행동이 너무 지나치다 보니 주위 사람들 마음이 몹시 불편하다. 못 살면 못사는 대로 좀 당당했으면 좋겠다. 다른 사람이 만 원짜리 밥을 살 때 자신은 오천 원짜리 밥을 살망정 떳떳한 마음으로 이해를 바란다면 그 모습이 더 미더워 보이지 않을까. 그렇게라도 함께하면 같이 간 사람들이 더 고맙게 생각할 텐데 말이다.

그 친구가 끝내 자리를 비우고 만 여행이라서 그런지 어떤 것을 보아도 그녀의 생각으로 연결된다. 비록 독살 안에 갇혀 비좁은 공간에서 놀고 있지만 평화로워 보이는 저 고기 같다면 얼마나 좋을까. 머지않아 다시 물이 들어오고 독살 안에 물이 넘쳐나면 넓은 세상을 찾아갈 수 있을 텐데 말이다.

같이 온 친구들 모두 아무도 그녀에 대해서는 말이 없었지만 다 같이 마음 한구석이 편치 않음을 서로들 감지하고 있었다. 행여 누구라도 그 얘기를 꺼내게 되면 모처럼 나온 여행 분위기를 흐리게 될까 봐 조심을 하고 있었다. 그녀에게 전달해야 할 사항을 놓고도 어떻게 전해야 할지를 몰라서 내심 염려들을 하고 있었다.

시간이 갈수록 미운 마음이 새록새록 쌓여갔다. 미움이 엉뚱하게도 잘 놀고 있는 물고기에게로 향했다. 괜히 심술이 나서 돌멩이 하나를 주워 던졌다. 화들짝 놀라 도

망가려 해보지만 도망갈 공간도 숨을 공간도 없다. 가볍게 던진 돌멩이 하나가 그 물고기에겐 커다란 위협으로 느껴졌으리라.

달아날 공간이 넓었다면 그리 혼비백산하였을까. 잠시 그녀의 환경에 대해 너무 안이하게만 생각하고 있지 않았나 싶기도 하다. 조금의 틈도 보이지 않는 환경이기에 그리 작은 자극 하나에도 어쩔 줄 몰라 할 수밖에 없는지도 모르겠다. 자신이 베풀 수 없는 환경이기에 다른 사람들로부터 유난히 더 대우받고 싶어 하는 심정일 수도 있겠다 싶다. 그래서 그렇게 투정을 부리는 걸까.

하지만 언제까지 그렇게 살 것이냐고 묻고 싶다. 그 투정을 곱게 받아들이지 못하는 주위 사람들의 마음도 문제지만 자신만의 감정에만 치우쳐 사는 것도 문제이다. 세상은 더불어 사는 것이라고는 하지만 결국 혼자 살아가는 것 아닐까. 자신의 삶은 자신이 가꾸어 온 것이니 그 삶 자체를 긍정적으로 받아들이는 것도 자신을 사랑하는 일이라고 본다. 왜 자신을 그렇게 하대하고 괴롭히면서 산단 말인가.

누가 무슨 말을 해도 자신 스스로 남부끄럽지 않은 삶이라고 생각한다면 당당하게 살아야 할 것이다. 남들이 알아주지 않는 것을 탓하고 경계하는 것이 자존심이 아니라 자신의 삶을 떳떳하게 생각하는 것이 진정한 자존심이 아닐까.

비록 비좁은 독살 속 고기 같은 삶일망정 여유롭고 당당한 마음으로 살았으면 좋겠다. 그런다면 모두의 마음에 정말 예쁜 모습으로 각인될 것 같다.

뽕잎아 피어라

아무리 둘러보아도 딸 수 있을 만큼 자란 뽕잎이 없었다. 이제 움트기 시작하는 새싹을 보며 어떻게 하면 좋을까 걱정만 앞섰다.

작년에 손녀가 누에 키우기 체험에서 얻은 누에알들이 벌써 부화해 버렸단다. 누에알 보관을 소홀히 한 탓에 때를 맞추지 못하고 깨어 버린 것이다. 아직 먹을 것도 준비

되지 못한 시기에 태어났으니 이걸 어쩐단 말인가. 며느리는 발을 동동거리며 애가 타고 나도 덩달아 안절부절돗했다. 이런 사정을 적어 카카오스토리에 올린 글을 보고 누군가에게서 연락이 왔더란다. 〈6시 내 고향〉에서 하우스 오디농장에 대해 방송을 했다는 것이다.

그 말을 들은 며느리가 방송국에 연락해서 농장 주인을 통해 간신히 뽕을 구할 수 있었는데 그쪽에서도 오디를 목적으로 한 뽕이기 때문에 뽕잎을 많이 줄 수는 없노라고 했단다. 300마리가 넘는 누에는 금세 자라 첫잠을 자고 나니 감당할 수 없을 만큼 커 버렸고 며느리는 더 이상은 어찌할 도리가 없노라고 울상이었다.

"어머님, 어떻게 해요. 나중에 다른 사람들에게 분양해 주기로 했는데 먹을 뽕잎을 구할 수 없으니 분양도 못 하고 어떻게 할 수가 없어서 키우는 것 포기해야 할까 봐요."

순간 막막했다. 아무리 미물일지라도 살아 숨 쉬는 생명인데 어떻게 해야 할까 답이 나오지 않았다. 버리라고 할 수도 없고 그렇다고 내가 가져다 대신 키워 줄 수도 없는 일 아닌가. 생각해 보자고 말은 했지만 아무리 생각해도 그냥 포기해 버리기는 너무 책임 없는 일이었다.

"얘야, 자식 키우는 어미는 생명을 함부로 해서는 안 된다. 어떻게 하든 먹이를 구해보도록 하자. 나도 여기서 알아보겠지만, 너도 먼저 보내주신 분한테 한 번만 더 부탁해 보렴. 그다음엔 어린 싹이라도 여기저기서 따 보내마."

그날부터 며느리는 이곳저곳을 알아보기도 하고 농장 주인에게 사정 이야기를 하며 생명이 있는 것을 버릴 수는 없어서 그렇다고 했더니 도움을 주셨다는 것이다. 그래서 그 누에들은 잘 자란 후에 한 마리도 허실 없이 다른 집들로 분양해 나갔다.

그즈음 진도 바닷물은 검푸르게 변해가고 있었다. 부모들의 멍든 가슴이 녹아내린 빛이리라. 누가, 무슨 말로 그 아픈 가슴을 위로할 수 있을까. 먼 곳에서 그저 묵묵히 지켜볼 수밖에 없는 마음일 뿐이다.

어느 한 공간 에어포켓이 있어 아직 살아있을지도 모르는 사람을 구하기 위한 작전은 그야말로 힘든 작업이었다. 기적이 일어나기를, 자기 자식에게만은 바늘구멍만 한 희망이라도 있기를 바라는 피맺힌 절규들이 귀청을 울리고 가슴을 짓눌렀다. 허공에 떠다니는 먼지라도 잡고 매달려 보고 싶은 그들의 아픈 마음들을 지켜보면서 어떻게 해 줄 수 없는 무기력함을 어쩔 수가 없었다.

무엇을 어떤 방법으로 저들에게 힘이 되어 줄 수 있을까 싶을 때 그 누에들을 생각했다. 동영상으로 보는 누에는 눈으로 확인하기 어려울 정도로 작아서 알과 거의 구분이 되지 않는 크기에 불과했지만 그래도 유심히 살펴보면 살아 움직이고 있는 모습이 잡혔다. 생명이었다. 분명 살아서 숨 쉬고 있는 생존의 실체. 저런 미물도 숨을 쉬고 있는데, 그토록 간절하게 찾고 싶어 하는 생존자가 한 사람도 나오지 않는다는 사실이 너무 안타까웠다.

그런 날들이 하루 이틀 지나가고 기다림은 깊은 한숨으로 쟁여지는 시간에 누에는 점점 활동적인 모습으로 커 가고 있었다. 그런 누에를 포기할 수밖에 없을 것 같다는 며느리의 심정을 들으면서 내 마음은 완강히 도리질을 했다. 그것은 그토록 애타게 자식들이 살아오기를 기다리는 부모들의 마음에 못질을 하는 것이라고. 비록 같은 생명

줄은 아니지만 그것들의 생명을 살려내는 것이 그들의 마음을 조금이나마 도와주는 힘이 되는 것이라고.

단 하나의 생명일지라도, 아주 작은 미물일지라도, 그것들은 살리는 것이 어쩌면 어느 한 공간에서 밝은 빛 보기를 기다리고 있는 생명에 보탬이 되어 줄 수 있는 것이라고 생각했다. 그런 행위들이 그 부모들의 마음에 힘이 되어 주는 것이라고 그렇게 주문을 걸었다. 며느리에게도 그런 마음을 가져 보라고 일렀다. 며느리도 내 마음에 공감하노라고 수긍하고 열심히 뽕잎을 구해 살려서 다른 사람들에게도 분양을 시켰던 것이다.

내 며느리도 선장이었다. 제집에서 누에들을 내보내면서 먹을 뽕잎까지 구해서 보내 주는 치밀함을 갖춘 선장. 비록 작은 일이지만 생명에 대한 책임을 끝까지 다한 며느리의 심성이 미덥고 고마웠다. 그런 마음이라면 앞으로 어떤 일이 닥쳐도 현명하고 지혜롭게 잘 처리해 나갈 것이라 믿어졌다. 아니, 내 아이들 세대는 부디 책임감 느끼며 살아가는 어른이 되었으면 하는 바람이리라.

요즘은 길을 가다가도 뽕잎에 눈이 간다. 그리고 말을

건다. 제발 빨리빨리 피어나라고. 그래서 다른 집에 분양해 간 누에들도 다 무사히 자라서 고치를 짓고 실을 뽑아 제 몫을 해내게 해 달라고. 제발 못다 피고 스러져간 저 아이들을 대신해서 한 마리도 빠트리지 말고 멋진 삶을 살아가게 해 달라고.

4부

노오란 꽃술에 숨어있는 이야기가 듣고 싶습니다
휘돌아 가는 저 골목길 모퉁이를 돌아서면 들을 수 있을까요
늘 그렇게 보이지 않는 곳을 향해 눈짓을 보내고 있는
그러다 허망함을 안고 되돌아서고 마는 이야기
그런 이야기를 듣고 싶습니다 그런 이야기를 하고 싶습니다.

– 산동 산수유마을에서

하늘밥

전주천 산책길엔 이색적인 벽화가 있다. 다리 밑에 작은 무대가 있고 그곳 벽을 장식하는 타일에 그림이 그려져 있다. 산책할 때마다 스쳐 지나가는 눈길로 바라보기만 하다가 어느 날은 마음먹고 자세히 살펴보기로 했다.

"애들아 하늘밥 먹자." 라는 글귀가 아이들과 무슨 연관이 있는지 궁금하다. 500여 장 되는 타일화는 갖가지 내용이 담겨 있었다. 그중에는 도내에 유명하신 분들이 아이들에게 전하는 희망의 메시지도 있었지만 대부분 아이들의 솜씨였다.

주로 천변의 풍경들을 담은 그림이다. 흘러가는 물, 그 속에 있을 법한 물고기, 물 위를 나는 새, 그 새들의 몸짓 등을 순수한 마음으로 그려 넣었다. 가만히 들여다보고 있자니 그림 속의 주인공이 되어 가는 듯했다. 물고기도 되어 보고 새도 되어 보고 곤충도 되어 보면서 아이들의 마음으로 동화되었다.

그러다 어느 그림 하나에 마음이 묶였다. 바탕에 비해 아주 작은 풀꽃 하나가 피어 있는 그림이었다. 넉넉한 공간이건만 아이는 왜 이렇게 작은 풀꽃 하나만 그렸을까. 저 작은 풀꽃에서 무엇을 보았을까. 얼핏 그 그림을 그린 아이의 모습이 실루엣으로 그려졌다. 혹 학대받는 아이가 그린 그림 아닐까 하는 생각이 들었다.

바닥도 메마른 황토색이다. 이파리도 밑 부분에 달랑 두 잎이었고 그 속에서 가느다란 대궁이 올라와 꽃을 피웠다. 꽃의 얼굴도 흐릿한 것이 시름시름 앓는 어린이의 표정 같다. 이에 비해 옆 그림은 아주 진한 빨간색 꽃이 화면 전체를 차지했다. 그리고 이글거리는 해가 이 꽃을 향해 따뜻한 햇볕을 내려보내고 있다. 모든 것이 부족해서 핏기 잃은 얼굴로 살아가는 듯한 아이의 마음과 누군가의 사랑을 듬뿍 받고 화려하게 꽃 피운 듯한 아이의 마음이 아주 대조적으로 표현된 그림이었다.

인간의 눈은 자신의 존재감만큼의 크기만 보이는지도 모른다. 아이는, 보통 사람들은 그저 무심히 지나치고 말았을 작은 풀꽃에서 자신의 존재감을 읽었지 싶다. 자신의 존재가 너무 초라하다는 잠재적인 요소가 곁들여 있는 듯싶어 애잔한 마음이 앞선다.

아이들에게 영향을 미치는 요소들은 무엇이며 누구의 책임인지 생각해 보아야 할 일이다. 연이어 보도되는 뉴스들 속에서 아동학대의 장면들이 클로즈업된다. 온 힘을 다해 사랑해도 부족하다고 생각되는 부모로부터의 학대가 많다는 사실도, 그런 사실이 잘 드러나지 않는다는 것도 부정할 수 없는 일들이다.

가장 가까운 사람들로부터 받는 상처가 더 깊다는 말이 허황한 말은 아닌 듯하다. 세상에서 제일 믿어주고 사랑해 주어야 할 가족으로부터 받는 상처는 정말 치유될 수 없는 상처다. 남남일 때는 싫을 때 떠나버리면 그만이지만 평생을 같이해야 할 처지라면 그 상처를 보듬고 같이 뒹굴어야 하리라. 떼어낼 수도 잊어버릴 수도 없는 상황 속에서 평생을 살아야 할 것이다.

깊은 응어리로 뭉쳐 자신을 스스로 헤집고 망가트리는 삶을 살아갈지도 모른다. 누가 그 어두운 그림자를 밝게 비춰 줄 것인가. 어쩌면 아무도 감당해 내지 못할 일일 수도 있다. 그저 지켜볼 수밖에 없는 현실일까.

'하늘밥'이라는 단어의 의미를 알아보았다. 자연이 주는 선물이란다. 숲과 물과 공기와 바람들이 어우러져서 만들어지는 순수한 것들. 인공 감미료 같은 것들을 넣어 만든 것이 아닌, 그냥 있는 그대로의 것들로 만들어져서 조금은 어설프고 거칠어도 정감이 가는 것을 상징하는 말이란다. 듣기만 해도 마음 따듯해지는 단어다. 넘쳐나는 문명의 혼동 속에서 어떤 것이 옳고 그른 것인지도 모르고 기계 속으로만 휩쓸려 가도록 내박쳐 둔 현실, 책임감 없는 어른들의 무관심과 정서가 깃든 가르침이 부족한 사회 환경 속에서 꼭 필요한 말이 아닐는지. 그런 밥을 먹는 아이들이야말로 맑고 환하게 자랄 것이다.

그렇다. 우리 어른들이 그런 밥을 먹도록 환경을 만들어 주어야 하고 권해야 한다. "얘들아 하늘밥 먹자." 이 얼마나 바람직한 구호인가. 그런 환경을 보고 스며들도록 자연을 만나게 해서 그림으로 표현하게 하여 발표의 장을 만들어 준 것이다. 그 장소가 비록 다리 밑 좁은 벽면이지만 그곳에서 퍼져나가는 맑은 기운은 무엇과도 바꿀 수 없는 소중한 것들이다.

그 그림들을 자세히 들여다보면서 나는 내 아이들을 어떤 환경에서 키웠던가 싶다. 그저 모든 것이 부족했을 뿐이다. 그것을 어떻게 만회할까 생각하다가 손주들에게 마음이 갔다. 내 아이들에게 미처 먹이지 못했던 하늘밥을 손주들에게라도 먹여줄까 생각 중이다.

내친김에 작은 것에서부터 시작하기로 했다. 이런저런 이유로 나들이를 제대로 하지 못하는 손녀와 약속을 했다. 봄엔 봄꽃들이 흐드러진 섬진강을 돌아보기로 했다. 여름엔 시원한 부안 해변으로, 가을엔 단풍 화려한 지리산자락으로, 겨울엔 눈꽃 만발한 덕유산으로 약속하고 서로의 메모장에 기록해 두었다. 이제 부모 그늘에서 잠시 벗어나도 되는 나이다. 그래서 우리끼리 가는 여행으로 계획했다.

그 약속이 이루어질지는 모르겠지만 약속 자체만으로도 하늘밥이 되지 않을까 싶다. 괜스레 마음 설레고 기다려진다. 아마도 나는 벌써 하늘밥을 먹은 듯하다.

다시 여성으로

여자라는 이유로 서럽게 기억되는 일들이 많다. 많은 부분이 큰딸이라는 사실 때문에 있었던 일들이다. 순서로 따지자면 위에 오빠 한 분이 있었으니 둘째이지만 딸이라는 이유로 그 순서는 나와 무관했다.

오빠를 위해서는 양보해야 한다면 동생들 때문에는 양

보 당해야 했다. 집 안 청소며 설거지는 다 내 몫이었고 동생들과 다투기라도 하는 날이면 언제나 내가 대표로 야단을 맞아야 했다. 또한, 내리 다섯이나 되는 동생들을 다 업어 키워야 했다.

지금껏 살면서 가장 아쉬운 것은 학교 문제이다. 오빠와 나는 3살 터울이라서 학교 진급을 같이하게 되었다. 오빠가 대학을 갈 때 나는 고등학교에 입학하는 때였다. 전주의 이름 있는 여고에 들어가고 싶었지만 부모님은 아들인 오빠를 서울로 보내기 위한 경제적인 문제 때문에 나를 지방 학교에 장학생으로 주저앉히셨다. 무척 아쉬웠지만 열심히 공부해서 좋은 대학을 가면 될 것이라고 위안으로 삼았다. 그러나 건강이 문제가 되어서 꿈을 이루지 못하였다가 내 나이 50이 넘어서야 방송통신대학에 입학하여 만학의 꿈을 이루었다.

내가 딸이 아닌 아들이었어도 그랬을까. 물론 상황은 달랐을 것이다. 그러나 어찌하랴. 시대를 잘 못 타고 난 불운인 것을. 그래도 스스로 자신의 길을 개척해 나갈 수 있었다면 좋았으련만 무슨 까닭인지 늘 병치레만 하느라고 그런 일마저도 쉽지가 않았다.

때때로 여자인 것이 무척 싫기도 했다. 친정 울타리에서 벗어나 한 가정을 이루고서도 남녀의 차등에 대해 숱한 불만을 느끼며 살았다. 그렇다고 내게 특별히 내세울 만한 능력이 없는 현실이었기에 그대로 받아들일 수밖에 없는 생활이었다.

주위에는 잘난 여자들도 많았다. 그들이 누리는 세상 속은 참으로 빛나 보였다. 그만한 위치에 오르기까지의 고난과 역경은 언제나 뒷전이었고 빛나 보이는 앞면만 부러웠다. 그들에게 숨겨진 고통이 영광보다 더 많다는 사실을 알게 되어도 그저 부러울 뿐이었다. 그런 반면 나에게 절실한 것은 언제나 건강이었다. 내 몸이 편해야 가정이 편하고 가족이 편안했다. 그제야 나는 가정주부가 가장 우선으로 꼽아야 하는 것은 가족들을 불편하게 하지 않아야 한다는 사실에 이루게 되었다. 모든 것을 버리기로 했다. 그저 단순한 여성으로 살 수밖에 없는 현실이 야속하기도 했다.

그런 중에서도 내가 여성이기를 포기하고 싶지 않은 것

이 있다면 바로 모성애의 본성 때문이었을 것이다. 임신했을 때의 설렘, 태동을 느낄 때의 감동, 아기를 품고 젖을 먹일 때의 흐뭇함, 한두 가지씩 달라져 가는 모습과 성장하는 모습을 보는 즐거움 등등은 그 어느 것과도 바꿀 수 없는 행복이었다.

우리가 알고 있는 단어 중에 어머니처럼 포근하고 정깊은 단어가 있던가. 먼 옛날 사진 속 어머니들이 아무리 후줄근하고 못나 보여도 치마끈 붙들고 어리광부리는 어린애 앞에서는 가장 고귀하고 소중한 존재였다. 나 또한 남 앞에서는 별 볼 일 없는 사람일지언정 어린 자식들 앞에서만큼은 귀한 존재였다. 그 순간들의 감정을 겪어 볼 수 있었다는 것만으로도 충분히 사는 보람을 느낄 수 있었고 여성으로서의 존재성을 실감할 수 있었다.

태아의 세포가 엄마의 세포와 연결되어 함께 지냈기에 자식의 모든 것을 대신할 수 있다는 모성애. 그런 영원불변의 사랑은 여자에게서는 불가능해도 어머니라서 가능하다는 것 아니던가. 자신의 모든 것을 다 내어주면서도 받는 것에는 손사래 치는 마음이야말로 우리 어머니들의 진정한 마음인 것이다.

그것이 어디 사람에게만 있는 일이랴. 숱한 동물들의 세계에서도 빼놓을 수 없는 일이다. TV에서 본 사자 한 마리에게 깊은 감동을 받은 적이 있었다. 동물들은 배가 고플 때만 먹이를 찾는다. 배고픔을 채우기 위해 잡은 먹잇감이 아직 양수막도 걷히지 않은 갓 태어난 새끼라는 걸 알고는 그 앞에서 어미의 본능이 살아나는 것이다. 한입에 물고 가려다 물끄러미 바라보더니 그 새끼를 핥아주고 다른 동물들이 가까이 오면 으르릉거리면서 지켜주고 있었다. 새끼는 영문도 모르고 보호를 받고 있다가 다시 찾아온 제 어미에게 돌아갔다. 그제야 유유히 그 자리를 떠나는 사자의 숭고한 행동에 그만 눈물이 나왔다. 배고픔을 참아가며 제 자식인 양 지켜주다가 어미 품에 돌려보내고 떠나는 사자의 뒷모습이 그렇게 성스러울 수가 없었다. 어쩌면 암컷만이 누릴 수 있는, 세상에서 가장 아름답고 소중한 감정이리라. 어찌 신이 주신 그 특권을 거부하거나 가볍게 여기리오.

다른 사람에게는 내가 여성임을 거부할 수 있어도 자식

에게는 절대적으로 어미임을 거부할 수 없는 일이다. 천륜의 굴레 중에 어미 자리에 속하는 천륜이라는 사실 앞에 무한한 감사를 드린다. 여자가 천시 받는 시대에 태어났을망정 모성애를 품을 수 있는 여성으로 태어났음을 쉽게 생각하지 않으며 다시 태어나도 나는 여성으로 살고 싶다.

달과의 동침

숲 속 바람이 잘 통하는 곳에 자릴 잡았다. 방문을 열자 아래로 자그마한 항구가 한눈에 들어온다. 온몸을 열어젖히고 마음껏 자유롭고 싶은 시간이다. 산도, 들도, 쪽빛 바다도 그 순간만큼은 나를 위해 존재하는 자연이라고 생각하고 싶다.

조용한 시간을 즐겨보자고 일찌감치 잠자리에 들었다.

환한 달빛을 어찌 그냥 흘려보낼 것인가. 방 불을 끄고 커튼을 활짝 열었다. 처마 없는 베란다가 온통 달빛이다. 통유리를 밀치고 쏟아져 들어오는 달빛이 마음 깊숙한 곳으로 스며든다.

달을 바라볼 수 있는 곳으로 얼굴을 향하고 누웠다. 저 달은 내 잠든 얼굴을 보고 있으리라. 내 얼굴 구석구석을 살피며 잔주름 하나까지 세어 보리라.

달이 커졌다가 작아졌다 하면서 가물거린다. 아픈 가슴을 부여안고 백지장처럼 허연 얼굴을 한 소녀가 앉아있다. 달빛으로 그림을 그리고 있다. 무슨 그림을 그리도 열심히 그리고 있는 것일까. 달을 등지고 앉아 애절한 몸짓을 그려내고 있다. 닫힌 공간에서 벗어나고픈 간절함이 묻어난다. 달은 그녀의 등을 토닥거린다. 이제 그만 밝은 쪽을 바라보라고. 어두운 그림자에 매달려 있지 말고 밝은 빛을 향해 얼굴을 내밀어 보라고.

달을 향해 웃었다. 달도 함께 웃어 주었다. 나는 분명 눈을 감고 있는데 환히 웃고 있는 달이 보였다. 소리 없는 웃음이 창문을 넘나들고 움직임 없는 몸이 달을 따라 나갔다. 한참을 달과 어울려 놀고 있는데 점점 달이 멀어져 갔다.

꿈을 깨어보니 내 얼굴의 정면을 비추고 있었던 달이 어느새 저만치 기울어져 있다. 자리를 바꿔 다시 달을 바라보고 누웠다. 잠들지 않으리라. 온밤을 저 달과 함께하리라는 마음으로 달만 바라보았다. 달은 여전히 웃고 있다. 나도 조금 전 꿈속에서처럼 환하게 웃고 싶은데 왜 이리 굳어 있는 것일까. 차라리 그냥 자자.

혼기 찬 숙녀의 가슴은 작은 일에도 설렌다. 설거지를 마친 허드렛물을 버리려 무심코 우물가로 향하다가 그만 그 자리에 멈춰 선 채 움직일 수가 없었다. 누군가가 우리 집 마루 기둥에 기대어 서서 쏟아지는 달빛을 온몸으로 받아들이고 있었다. 특별한 대화를 나누는 사이도 아니었지만 서로 몰라라 할 사이가 아닌데도 아무 말을 하지 못했다. 그때의 달빛은 왜 그리 환하던지. 그제야 달빛을 의식했다. 이상하게도 달빛이 아늑하고 고왔다. 때때로 그날의 달빛이 그리웠다.

어렴풋이, 그날의 달빛 같기도 하고 그냥 평범한 달빛 같기도 했다. 왠지 뭔가 아쉬워서 울컥했다. 달은 그런 나를 그저 바라보고만 있었다. 뭐라 얘기할 수가 없다는 듯 묵묵하기만 했다. 나 혼자 흐느끼다가 잠을 깼다. 눈 밑이 촉촉했다. 달이 또 저만치 이동해 있었다. 나는 다시 머리 방향을 바꾸어 달과 마주했다.

나이 지긋한 여인네는 피우지 못한 열정을 소리 없이 삭힌다. 달빛 품은 매화꽃잎의 향기, 암향을 부러워하다 서러워진다. 물질적인 것보다 정신적인 풍요를 누리고 싶은 여인은 늘 고고한 삶을 갈망한다. 아니, 어쩌면 갈망하는 그 마음이 바로 암향을 닮은 것일 텐데 마냥 아쉬움에 젖어 있다.

어느 순간부터 달을 향한 시선이 흐릿해짐을 느낀다. 달빛의 여운도 같이 스러져 간다. 달빛으로 그리던 그림도 희미해져 가고 달빛에 젖었던 감성도 점점 메말라간다. 뒷걸음질 치는 것들을 향해 손이라도 흔들어 주고 싶은데 마음만 바동거린다.

새소리에 눈을 떴다. 동쪽 산등성이를 올라오는 여명의 빛으로 자리 잃은 달이 애처롭다. 자꾸만 비집고 올라오는 하얀 머리카락에 점점 밀려나는 검은 머리카락 같다. 지난밤 일들이 비몽사몽이다. 하지만 베개의 위치가 처음 잠자리에 들었을 때와 정반대로 놓여 있는 걸 보니 나는 밤새 저 달과 동침을 했음이 분명하다. 어느 날, 여행길에서 온밤을 그렇게 지새웠다.

긴 시간 부질없는 생각으로 소진한 마음이 허허롭다. 그래도 그런 달빛이 있어 내 삶이 그리 메마르지 않았다고 마음을 다독인다.

기억을 줍다

무대가 내려다보이는 곳에서 내 눈길을 끄는 것은 시시각각으로 변하는 화려한 조명 빛을 받는 배우의 성근 머리칼이었다.

배우의 목소리는 각각 다른 감정의 기복에 따라 성근 머리칼 사이로 보이는 살결을 채색했다. 박력 있는 목소리일 때는 땀방울을 밀어 올려서 자르르한 윤기를 내기도 하고 떨리는 음성일 때는 파르르한 핏줄이 돋는 듯하기도 했다. 달콤한 크림 같은 말이 무대의 분위기를 아련하게 휘감아 돌 때는 미끄러질 듯 아슬아슬한 빛이 퍼진다. 그러다 다 뱉지 못하는 침묵으로 무대가 잠시 숨을 멈추고 있을 때는 그 살빛에서 울컥한 감정이 배어 나왔다. 공연 내내 삶의 온갖 흔적들이 고스란히 내게 옮겨오면서 왠지 모를 깊은 울림이 마음 안으로 파고들었다.

성근 머리칼은 나이가 들어가는 과정이고 상징이기도 하다. 물론 유전적인 요소가 아닌 신체의 변화에서 생기는 자연적인 과정을 전제로 하는 말이다. 그 외에도 주름이나 몸놀림에서도 나타나는 현상이지만 나는 유독 머리카락이 성근 모습에서 나이 들었음을 느낀다.

또한 나이가 들어가는 것과 가장 밀접한 것이 기억력 아닐까. 나이와 기억력이 평행선을 이루듯 날이 갈수록 기억력이 감퇴해 가는 것이 어쩔 수 없음을 느낀다. 나 역시 그 굴레에서 벗어나지 못하는 듯싶다. 그래서인지 요즘 들어 기억력과 관계된 영화나 이야기들을 새겨 보게 된다.

오래전에 보았던 〈5일의 마중〉이라는 중국 영화는 참으로 감명 깊었다. 문화대혁명으로 감옥살이하는 남편과 그 아내의 이야기이다. 20년이 넘도록 보지 못한 남편을 기다리는 아내는 생활고에 시달리다 기억상실증에 걸린다. 그 와중에도 예전의 남편만을 손꼽아 기다리지만 막상 돌아온 남편을 알아보지 못한다. 남편은 온갖 정성으로 아내의 기억을 되돌려 보려고 하지만 모두 허사이다. 아내는 남편이 보낸 편지에 '5일에는 돌아갈 것'이라는 내용을 기억하고 매달 5일에 역으로 마중을 간다. 이웃집 아저씨인 양 그 곁을 지켜주고 살펴주는 남편도 함께 간다. 옆에 있는 사람이 그토록 기다리는 남편인 줄을 모르고 목이 빠지게 기다리는 여인과 자기 자신을 기다리는 남자의 모습이 너무나 가슴 아프게 남아 있는 장면이었다.

어느 간병사의 이야기도 있다. 우연히 간병을 맡은 치매 환자가 첫사랑이었다. 맺어지지는 못했지만 살면서 마음 한구석에 희미한 밑그림으로 남아 있었던 사람이다. 지금 이루고 있는 가정은 다복하고 평온한 삶이어서 어떤 일이 있어도 그 가정을 지키고 자신의 본분을 지킬 줄 아는 올곧은 여인이다. 그래서 상대가 자신을 알아보지 못하는 것을 다행으로 여기고 오로지 간병인과 환자의 관계를 유지했다. 온갖 정성을 다하여 그의 마지막을 지켜주고 싶어 했다. 마음속으로는 수없이 많은 이야기를 나누고 그 마음이 상대에게 전해져 다시 예전의 건강한 모습이 되어 주길 빌고 또 빌었다.

두 이야기의 공통점은, 서로 주고받을 수 있는 마음들은 아니었지만 그 끈끈한 정이 참 아름답게 느껴진 사연이었다. 세상에 애정 이야기만큼 아름다운 이야기가 어디 있을까. 하지만 상대와 통하지 못하는 정은 시린 아픔이다.

서로 통하지 못하는 정의 깊이를 어느 것으로 재어 볼 수 있을까. 물이 보이지 않는 우물 속으로 내려보내는 두레박줄이 끝없이 풀리는 깊이다. 그래도 언젠가는 한 줌 물을 퍼 올릴 수 있으리라는 기대로 살아갈 것이다. 비록 너무 깊이 내려가서 올라오는 동안 다 흘려버리고 다시 빈 두레박이 될지언정 그렇게라도 한 번쯤 교감을 나눌 수만 있다면 하고 바라는 것이 통하지 못하는 애정이리라.

무대 위의 배우를 보면서 또 다른 인물을 만난다. 주름살과 성근 머리칼이 말해주는, 실로 오랜만에 만난 눈빛은 잊힌 세월이었다. 긴 세월 동안 묻어 두었던 침묵에서 뚝 떨어진 물방울 하나. 배우 떠난 무대의 허공을 훑으며 누군가의 눈빛에서 사라진 기억을 찾아 줍는다.

돌아온 의궤

11월을 훌쩍 넘어선 박물관 뜰은 온통 가을빛이다. 무엇을 하러 왔는지 잠시 그 본연의 의미를 잃어버리고 단풍 속에 묻혀 버렸다. 한참을 서성거리다가 온몸이 팔레트에 섞인 물감처럼 가을내음으로 범벅된 채 박물관 안으로 들어섰다.

실내의 조명등 앞에서도 어른거리는 만추의 영상 때문

에 자꾸 멈칫거려지더니 특별 전시실 앞에 붙은 '외규장각 의궤'라는 글귀가 눈에 들어오자 그제야 마음가짐이 곧추선다. 조심스럽게 바닥에 그려진 화살표를 따라 발걸음을 옮겼다. 은은한 불빛 밑으로 정돈된 서책들의 무게가 묵직하게 느껴지면서 어떤 위압감 같은 것이 전신을 휘감는다. 천천히, 유리 한 겹의 거리로 압축된 먼 시대의 발자취들을 굽어본다.

한발 한발 발걸음을 뗄 때마다 감탄이 절로 나왔다. 그 오랜 세월이 지났는데도 어느 것은 흠집 하나 없이 깨끗한 종이로 보존되었다. 책의 두께만도 엄청난데 글씨 또한 한 치의 흐트러짐이 없었다. 글씨의 맵시에서 붓끝의 날렵함이 스치고 손끝의 정갈함이 묻어났다. 감히 숨도 크게 쉬어서는 안 될 것 같은 엄숙함까지 밀려왔다. 이런 글씨 앞에서는 반듯한 정장 차림이어야 하겠다는 생각에 내 옷차림이 다소 민망해지기까지 했다.

어찌 그뿐이던가. 행렬 모습을 그린 그림 또한 그 세세함에 놀라웠다. 평면으로 그려진 사람들의 모습이 각각 다른 몸짓으로 움직이고 있었다. 어떤 행렬은 등장인물이 무려 천여 명이 넘는 것도 있다 한다. 그렇게 많은 인물을 도화서 화원들이 일일이 붓으로 다 그렸다 하니 그 정성이 대단하다.

색채도 전혀 퇴색한 것이 없이 선명하고 갖가지 색이 조화롭게 칠해져 있다. 그 먼 시대에도 저런 빛깔이 나왔던가 싶다. 사실 드라마를 통해 본 옛날 의상들이 참으로 화려하고 예쁘다고 느끼면서도 설마 했었다. 그것은 단지 그 시대를 곱게 형상화하기 위한 패션일 뿐 현대에서만 볼 수 있는 화려함을 덧입힌 것으로 생각하였다. 그러나 그것은 큰 오산이었다. 짙고 환한 색이 강렬한 열정을 표출하는가 하면 엷고 은은한 색은 화사하면서도 단아한 기품이 서려 있어 참으로 멋스러웠다.

전시된 '외규장각 의궤'는 그동안 프랑스국립도서관에 소장되었다가 145년 만인 2011년에 고국으로 돌아왔다. 의궤는 왕이 직접 보던 어람용과 분상용이 있다. 어람용은 1부만 만들었으며 글씨체, 재료, 그림 등의 수준이 매우 높고 분상용은 여러 곳에 보관하기 위해 여러 부를 만든 반면 어람용에 비해 수준이 낮다. 어람용은 총 297책에 이르며 2007년 유네스코 세계기록유산으로 지정되어 그 역사적, 문화적, 가치를 세계적으로 인정받았다.

의궤는 조선 시대 국가와 왕실의 행사 진행 과정과 결과를 기록한 일종의 종합보고서이다. 원래 규장각에 보관되다가 1782년 강화도에 설치한 외규장각으로 옮겨졌는데 1866년 프랑스의 군대가 강화도에 침입하여 어람용 의궤를 가져갔다. 이것을 1975년 프랑스국립도서관에서 일하던 박병선 박사님이 발견하여 수많은 노력 끝에 우리나라에 다시 돌아오게 되었다. 1993년을 시작으로 2011년에 296책의 의궤가 다시 돌아온 것이다.

의궤는 '반차도'와 '도설'이라는 그림으로 설명을 한다. '도설'은 행사를 위해 만드는 각종 상징물과 의식구, 제기, 악기 등을 그린 그림이고 '반차도'는 행사의 실제 진행 모습을 그린 그림이다.

실로 우리의 문화재는 어디에 내놓아도 빠지지 않는 것

들이 많다. 그러나 그 가치를 제대로 알고 지킬 줄 아는 국민은 되지 못했던 것 같다. 주인보다도 객이 더 보물들의 가치를 알았고 욕심들을 부렸다. 뺏기면서도 뺏기는 줄 모르고 눈뜨고 보면서도 지키지 못했다. 우리나라에서보다 먼 타국에서 빛을 내고 있었던 보물들.

그러나 그 귀한 보물들을 찾아낸 분들이 있었으니 얼마나 다행인가. 의궤를 찾아온 박병선 박사와 서한도를 찾아온 손재형 같은 분들의 노력과 열정이 있었기에 소중한 우리의 보물들을 다시 찾아올 수 있었던 것이다. 이런 기회가 있어 이제나마 그분들께 마음 깊이 경의를 표한다. 그리고 비록 남의 나라 문화재이지만 그 가치를 소중히 여기고 간직할 줄 아는 이들의 안목이 부럽기도 하다. 내 것이면서도 제대로 간직하지 못했던 무지와 문화재에 대한 무관심이 우리를 부끄럽게 한다. 나 또한 과연 이런 문화재를 찾아 알려고 했던 일이 얼마나 되었던가. 가까운 박물관에조차 발길이 뜸했던 사실이 송구스럽다.

전시실을 한 바퀴 돌고 나서도 그 자리를 빠져나오기가 아쉬웠다. 어쩌면 그렇게 정교하고 고급스러운지, 어떻게 그 많은 행사나 의례의 절차를 그렇게 빠짐없이 기록할 수 있었던 것인지, 그런 우리 선조의 고귀한 성품을 대할 수 있었다는 사실이 참으로 뿌듯했다. 그저 사는 일에 바쁘고 주위 환경에 휩쓸려서 눈에 보이는 형상을 쫓아 현란하고 분란하게 움직였던 마음이 잠깐이나마 다소곳하고 경건하게 정돈되는 순간을 맛볼 수 있었다.

입구에서 현란하게 범벅되었던 팔레트 물감은 출구의 문턱에서 기품 있고 단아한 색으로 정리되었다. 어쩌면 12월로 넘어가는 계절이나 내 삶을 정리해야 할 즈음의 문턱에서 꼭 갖고 싶은 색인지도 모르겠다.

달거리

모처럼 한가한 분위기다.

평소에도 그리 붐비지는 않았지만 심심찮게 손님들이 있어서 적당히 분주하더니 이번엔 나 혼자뿐이다. 이제는 말하지 않아도 알아서 척척 손질해 준다. 20여 년의 단골이니 오죽이나 잘할까마는 내 머리 역시 처음이나 지금이나 똑같은 모양에 똑같은 색깔로 염색만 할 뿐이니 물어보나 마나다.

그래도 매번 시작 때는 썬득거리는 감촉이 그리 좋지는 않아서 긴장되곤 한다. 하지만 아직은 허연 머리칼을 그대로 놔두기는 정신연령이 허락하지를 않는다. 날짜 가는 줄 모르고 있다가 어느 날 거울 앞에서 자세히 들여다볼 기회가 생기면 '어느새' 하며 화들짝 놀라곤 한다.

때론 흰 머리를 그대로 하고 다니는 사람들을 보면서 참 용기 있고 멋있다는 생각을 하기도 하지만 나 자신에게만은 도리질하고 있다. 70이라는 고개 줄에 들어서면 모든 것 다 놓아버려야겠다고 했는데 막상 그 선에 다다르게 되니 전부 다 '아니올시다.'다. 염색도 더 하고 싶고, 운전도 더 하고 싶고, 등산도 더 하고 싶다. 아니 지금까지 하지 못하고 있던 일까지 덧붙이고 있다.

내 머리를 손질하던 미용사가 미간을 살짝 찌푸리며 잠시 터덕거린다. 왜 그러느냐고 물으니 '달거리 아픔'이란다. 달거리! 순간 내 동공이 확 커지면서 그녀의 얼굴을 보았다. 갑자기 그녀의 얼굴이 환해 보였다. 거울을 통해 그녀의 이마, 코, 입술로 해서 목덜미까지 훑어보며 나도 모르게 내 입술이 오므라들었다. 그녀의 모습이 갑자기

윤기 자르르해 보이면서 반사적으로 메마른 내 입술에 침을 바르고 있었다.

염색약을 다 바르고 잠시 기다리는 동안 미용실을 정리하는 그녀의 뒤태도를 보면서 그동안 잠시 잊고 있었던 젊음의 향기를 더듬었다. 그리 튀어나게 예쁘지도, 맵시나는 몸매도 아니지만 움직일 때마다 도드라지는 탄탄한 근육들이 왜 그리 아름답게 느껴지던지. 그 근육들 사이를 걸림 없이 쭉쭉 밀고 나가는 핏줄의 역동성이 느껴졌다. 어쩌다 가시에라도 살짝 찔리면 해맑은 핏방울이 퐁 솟아올라 영롱한 구슬이 될 것 같다. 덧바른 화운데이션으로 희뜩하게 들떠있는 내 얼굴보다 민얼굴에 립스틱만 바른 그녀의 얼굴이 더 생기 있어 보이고 하늘하늘한 내 치맛자락보다 군데군데 얼룩이 묻어 있는 그녀의 앞치마가 더욱더 싱그럽게 보였다.

달거리란 그 한마디가 이렇게 내 마음을 흔들어 놓을 줄 몰랐다. 그것이 젊음을 상징하는 것이라는 걸 이렇게나 절실하게 느껴 본 적이 있었던가. 순간에, 꽃 떨어진 억새밭이나 갈대밭을 걸어가는 것 같은 퍼석한 마음이 되어 버렸다. 내게 없는 것이어서 더욱 간절한 아쉬움일 것일까. 이리도 소중하게 느껴지는 걸 젊었을 땐 왜 그리 귀찮게만 생각했었던가.

친정어머니를 닮은 나는 유난히 양이 많아 골칫거리였었다. 옛날 가제 수건을 사용했을 땐 도랑이나 우물가에 흐르는 벌건 물이 부끄러워 저녁에만 빨래했고 온종일 받아내는 양을 감당하기엔 수건이 모자라서 애를 먹기도 했다. 후에 생리대를 사서 쓰게 되었을 땐 제일 두꺼운 것을 쓰면서도 행여 옷에 묻어 티가 나면 어쩌나 싶어 안절부절못했다. 나이 들어 그런 것들이 소용없게 되었을 땐 빨리 갔으면 좋겠다는 생각을 하지 않았던가.

열심히 손톱에 매니큐어를 바르고 하이힐을 신고 다니면서 아직은 여자라는 자부심을 지니고 살고 싶었는데 달거리란 그 한마디 앞에서 모든 것이 다 무너져 버린 느낌이었다. 그것은 그 어떤 것으로도 회복할 수 없는 일이었다. 여자에겐 그것이 바로 건강의 증표이고 젊음의 상징이었던 것이다.

젊음, 그 자체만으로도 모두 그냥 예뻐 보인다. 이제야 옛날 할머니들이 우리만 보면 '예쁘다, 예쁘다.' 하셨던 말들이 뜻있게 다가온다. 우르르 몰려온 친구들을 향해 "예쁘다."를 연발하시면 그리 곱지 않은 애들을 향해 '쟤가 예쁘다고?' 하면서 입을 삐죽거리기도 했었다. 그땐 할머니가 참 바보처럼 보였다.

수고비를 건네주면서 '예뻐요!' 했더니 "예, 이번엔 염색이 더 예쁘게 나왔네요." 하면서 활짝 웃는다. 내 말의 의미를 잘 못 알아들은 그녀가 자신이 한 일에 대한 보람으로 뿌듯해한다. 그 모습도 예쁘다. 아마 나도 바보할머니가 되어가나 보다.

미용실 문을 밀치고 나오니 새삼 가로수의 연초록 잎들이 더없이 예뻐 보이고 담장 너머로 이제 막 피기 시작하는 빨간 장밋빛이 유난히 선명하게 돋보인다. 그러고 보니 세상은 참 공평한 것 같다. 내게서 육체적 건강이 조금씩 스러져 갔다면 모든 것이 예뻐 보이는 정신적 건강을 얻었지 싶다. 얼마나 다행한 일인가.

이제 부터는 바보할머니, 아니 바보여인으로 살아갈 듯싶다.

행복지수

저 멀리 수평선이 보이는 바다 같은 톤레삽 호수, 바다도 아닌 것이 바다처럼 파도를 친다. 넘실대는 물결 따라 모든 것이 다 움직인다. 집도 사람도 물건도 하늘까지도 출렁이는 풍경이다. 어지러울법한데 어지럽지 않은, 아니 어지럽다고 생각해서는 안 되는 풍경들이 골목골목에 가득하다.

있을 것은 다 있다. 학교, 유치원, 결혼식장, 철물점, 교회, 닭, 개, 돼지, 악어 양식장까지 골고루 다 갖춘 마을이다. 하지만 엉성하기 짝이 없는 그들의 환경에 자꾸 웃음이 나온다. 어느 것 하나 부족함이 없는 것처럼 유유자적한 사람들의 생활상이 오히려 생소하게 느껴질 정도다.

학교에 가는 일도, 시장에 가는 일도, 나무토막 몇 개로 만들어진 도구면 된다. 그들은 그냥 물 위를 걸어 다니는 것 같은 느낌이다. 물이 누런 황톳물이라서 그럴까. 나중에는 출렁이는 물결은 보이지 않고 그냥 땅으로 보였다.

거대한 황톳물에서 국적도 없이 사는 사람들. 본국인 베트남에서 받아들이지 않고 타국인 캄보디아에서 따돌림을 받아야만 하는 사람들의 설 자리는 육지가 아닌 물이었다. 전쟁의 후유증이 만들어 놓은 도시랄까.

집 앞에 놓인 화분에서는 꽃이 곱게 피었다. 흔들리며 피는 꽃이라 했던가. 그야말로 싹이 터서부터 흔들리기 시작했으니 흔들림 자체를 모르고 자란 꽃이리라. 그런 꽃이 흔들림의 의미를 알까. 당하고 있는 고통이 고통이란 걸 전혀 모르고 사는 세상이다.

철물점에서 불꽃들이 튕긴다. 저런 작업은 정말 정밀해야 할 것 같은데 흔들거리면서 생기는 오차는 어찌 처리하는 것일까. 그런 것마저도 흔들림과는 전혀 상관없이 살아가는 생활이 참으로 기이하다.

한 소녀가 큼직한 양푼을 타고 앉아 노를 저어 나간다. 아주 익숙한 몸짓이어서 물과 양푼과 소녀의 몸이 한 덩어리다. 물이란 것이 전혀 거추장스럽지 않은, 그저 공기와 같은 존재로 보인다. 편안히 숨을 쉬듯, 활기차게 땅을 걸어가듯 전혀 불편함이 없는 움직임이다.

식사 준비하는 아낙네가 누런 황톳물로 쌀을 씻어서 그릇 속에 담는다. 그리고는 그 황톳물을 그냥 떠 붓고 불 위에 올려놓는다. 바로 그 옆에 비닐로 칸막이해 놓은 것이 변소, 그것도 밑이 터져서 그냥 물에 떨어지는 구조란다. 기절할 법한 상황에 할 말이 없다.

그런 곳에서 아이들이 해맑게 웃는다. 아무것도 모른다는 아이들뿐만 아니라 한평생을 살아온 노인들의 눈가에도 흐뭇한 웃음이 가득하다. 부족해도 부족한 줄 모르고 더러워도 더러운 줄 모르는 사람들. 저들에게는 저 누렇고 출렁이는 물이 바로 명경지수로 여겨지는가 보다.

환하게 웃는 그들 앞에서 이맛살을 찡그리다가 돌아 나온 시간이 얼마였을까. 맨발로 살아가는 그들의 발바닥보다 더 더러운 신발을 신줏단지 모시듯 탈탈 털고 행여 그 황톳물이 묻을까 봐 껑쭝 뭍으로 뛰어올랐다.

그들의 행복지수가 세계 5위 안에 든단다. 순간, 황톳물 속에서 거들먹거렸던 나의 존재감이 맥없이 나뒹굴어지는 것 같았다. 그들 앞에서 우월한 존재라고 생각하며 이마에 획을 긋고 바라보았던 나. 나는 어찌하여 저들의 명경지수가 끝내 거친 황톳물로만 보이는가. 나의 행복지수는 얼마인가.

힐링의 밤

펜션 앞으로 개천이 흐르고, 휘돌아 나가는 개천 따라 이어진 조각 논에는 어느새 벼들의 행렬이 이루어졌다. 이제 막 땅 맛을 알기 시작한 시기여서 그 속에는 꿈틀거리는 힘이 출렁이고 있다.

모처럼 가정의 틀을 벗어버리고 온전히 자유를 맛보자고 나선 여행이다. 여행이라고 해 보았자 내가 사는 지역에서 그리 멀지 않는 장소이지만 나름대로 여유롭고 느긋한 기분으로 즐길 수 있어 좋다. 이런 때만이라도 손이 물 묻히지 말자고 식사도 펜션 주인에게 부탁했다. 저물녘, 주인집 아줌마의 맛깔스러운 반찬에 모주 한 잔씩 걸치는 맛이 아주 그만이다.

마당 언저리에 어스름이 스며들기 시작할 때쯤 건너편 밭에서 빨간 불길이 너울거린다. 초봄에 가지치기한 나뭇가지들을 태우는 중이란다. 수북이 쌓인 땔감들은 금세 불길에 휩싸인다. 행운일까. 때맞춰 캠프파이어를 하는 기분이다.

활활 타오르는 불기둥이 무섭게 허공으로 뻗어 올라간다. 탁탁 터지는 소리에 맞추어 솟아오르는 불꽃에서 튀어나오는 또 다른 불똥들이 까만 밤하늘에 수없이 많은 점을 수놓는다. 그곳에 봉싯 떠 있는 반달. 이런 그림이 그려져 있으리라고는 생각지 못한 여행이다.

자유롭게 피어오르는 불꽃은 제 세상 만난 듯 활개를 친다. 전혀 막힘이 없는 허공에서 거칠 것 없는 모습으로 제 몸짓을 표현한다. 어느 곳에 시선을 두면 순식간에 다른 모습으로 변해서 좀처럼 잡히지 않는 모양으로 변한다. 한참 꿈 많은 아이들의 힘찬 요동이랄까. 내게도 저런 힘을 발산했을 때가 있었나 싶다.

각가지 모양으로 아름다움을 발산하는 불꽃 앞에서 문득 거리의 스카이댄서* 모습을 떠올린다. 모터에서 불어넣어 주는 공기가 아니면 자신을 세울 수 없는 스카이댄서. 그것마저도 틀 안에 갇힌 공간만큼만 자신을 표현할 수밖에 없다. 키를 더 늘려 보지도, 몸의 부피를 키우거나 줄여보지도 못하고 꼭 그만큼에서만 요동을 친다.

어찌 그뿐이던가. 막무가내로 불어넣는 공기를 어쩌지 못하고 온몸으로 받아내야 한다. 순리대로 서서히 들어오는 바람이 아닌 강압적으로 몰아붙이는 공기에 무릎이 꺾이고 팔이 젖혔다 펴지는 동작은 거의 내동댕이 처지는 모습이다. 같은 틀 속에서 온종일 비슷한 동작만을 수없이 반복해야 하는 고난을 감내하는 모습이 보기에 참 안쓰럽다.

* 거리에 광고용으로 전시 된 풍선 인형, 공기를 주입하면 인형이 율동하듯이 움직인다.

혼잡한 도시의 거리에서 그런 스카이댄서를 볼 때마다 내 모습이 아닌가 싶어질 때가 있다. 누군가의 말에 휘둘려 스스로 일어서기 힘들 정도로 무너져 내리는 날이 있는가 하면 내 처한 환경에서 빠져나오려 아무리 발버둥 쳐도 언제나 그 모양으로 남아 있다. 한쪽을 마무리하고 나면 또 한쪽에서 터져 나오는 일들 때문에 허둥댈 때는 영락없이 팔다리를 굽혔다 펴기를 반복하는 스카이댄서의 짓이다.

살랑거리는 자연 바람으로 자유로이 춤을 추는 불꽃 속에 내 안의 스카이댄서를 던져 버린다. 힐링을 찾아온 이 순간만이래도 모든 것에서 자유로워지고 싶다. 켜켜이 쌓인 묵은 감정을 다 내려놓고 그동안 잊어버렸던 순수한 마음을 찾아보자고 활활 타는 불꽃이 되어 본다. 못다 이룬 꿈을 향한 열정도 품어 보고 누군가를 향한 애틋함도 열어 본다. 비록 방방 뛰는 몸짓은 아니더라도 그저 바라보는 눈 속에서 활활 타는 마음이 되어 본다.

어둠이 깊어가고 찬란하게 피어오르던 불꽃도 사그라진다. 반달이 뿜어내는 푸르딩딩한 달빛 아래 아직 남아 있는 잉걸불은 황금빛이다. 부러진 삭정이 하나 주워들어 잉걸불을 들추니 잠시 작은 불꽃이 다시 살아났다 스러진다. 활활 타는 모습은 그 모습대로, 잔잔히 이글거리는 모습은 그 모습대로, 보기 좋은 영상으로 남아 마음에 충만함을 안겨 준다.

점점 스러져가는 잉걸불처럼 어느덧 담담한 마음으로 되돌아온 시간쯤엔 싸늘한 기운이 등줄기를 스친다. 남은 잉걸불에 쑥떡을 구워본다. 고소하면서도 씁쓰레한 냄새가 어느 집 문간까지 스며든 것일까. 간간이 들려오는 개 짖는 소리에 쑥 내음이 묻어있다.

그러고 보니 개구리들의 합창도 함께 어우러졌다. 언제 들어보았던 소리던가. 저런 소리들을 잊어버리고 살았던 세월 동안에는 무엇을 하며 살았나 싶다. 가만히 귀 기울여 듣고 있노라니 개구리 울음소리에는 어떤 규칙이 있다. 모두가 뒤섞여 목청껏 울다가도 어느 순간 한꺼번에 울음을 그친다. 그리고 잠시 후 어느 한 마리가 울기 시작하는 동시에 또다시 함께 합창을 한다. 저 무리 중에 분명 늙수그레한 우두머리가 있으리라. 그 개구리는 저 수많은 동지를 어떻게 다스리기에 저리도 일사불란하게 소리를 맞추는 것일까.

숙소로 돌아와 뜨듯한 온돌방에 등을 대고 누워서 그 우두머리의 소리에 청각을 곤두세운다. 저렇듯 윗자리를 지킬 수 있는 것이 쉬운 일은 아니리라. 수없이 많은 인고의 시간을 감당했을 것이고 남다른 덕을 품었을 것이다. 얼마나 시간이 흘렀을까. 칸칸이 조금씩 다른 각도로 삐죽이 열려 있던 서랍장 같은 생각들이 서서히 제자리를 찾아 닫혀간다. 이제는 자유롭게 타오르는 불꽃이나 스카이댄서의 몸짓을 보는 것에서 벗어나 저 우두머리의 품성에 관심을 가져야 한다고…….

5부

사라지는 것들을
다 담아두고 싶은 계절
소실점 끝으로
멀어져가는 일들이 못내 아쉽다

놓지도 못하고
갖지도 못하는 것들에 대한 애착들이
내 안에서 낙엽처럼 뒹군다.

– 대전 갑천변에서

암향농월暗香籠月

섬진강 물빛이 배인 매화가 어스름 내리는 길목을 기웃거린다. 무엇을 기다리는 것일까. 하나둘 떠나는 행인들의 뒷모습을 바라보며 연신 매무시를 가다듬는다. 싸늘해진 바람결에 창백해진 표정이 더없이 청아하다.

점점 어스름이 짙어지고 주위는 적적하리만치 고요하기

만 하다. 간간이 꽃잎 벙긋거리는 소리만이 허공을 두드린다. 그때 서서히 동쪽 산등성이를 딛고 올라서는 보름달. 온 세상의 시선을 한 몸으로 받으며 만물과의 소통을 준비한다.

매화꽃 가지에 걸린 달이 달빛을 품어낸다. 달빛은 어디에 내려앉는지에 따라 각각 다른 품격을 지닌다. 달빛과 매화가 만나 풍기는 향기를 일러 암향暗香이라 했던가. 아마도 이 세상에 그토록 고매한 향기는 없으리라.

암향을 품어 내고 싶은 매화의 기다림이 간절하다. 보름달의 정기를 받아야만 한껏 무르익은 향기를 품어 낼 수 있을 텐데……. 수천만 개의 매화꽃은 간절한 눈빛을 보낸다. 달은 이들의 눈빛을 아는 듯 모르는 듯 그저 묵묵한 표정이다.

그 묵묵함 속에 다정한 미소가 어려 있음을 매화는 모르는가. 행여 저 달이 그냥 기울어 버릴지, 자신의 꽃이 속절없이 다 져 버릴지 몰라 안타까움이 앞선다. 달빛이 이미 제 속에 들어와 흠뻑 젖어 있거늘, 젖어 있어도 젖은 줄 모르고 애달아 한다.

은은한 달빛에 어우러진 매화의 향이 더없이 향기롭다. 저렇듯 많고 많은 매화가 품어내는 향기로움이 어디로 다 스며들까. 그리움 한 줄기 담고 있는 마음에 스며들고 멍울 하나 감추고 살아야 하는 가슴을 삭혀 낸다. 도란도란 나누는 사랑의 밀어에 엉겨 붙고 토닥거리는 투정을 보듬는다. 동네 어귀에 서 있는 장승의 눈 밑에 걸터앉고 매화밭을 어슬렁거리는 강아지 꼬리에도 매달린다.

장승은 암향이 풍기는 날엔 눈을 감지 않는다. 온밤을 뜬눈으로 지새운다. 강아지도 암향에 젖은 밤엔 짖지 않는다. 조용한 눈빛으로만 밤길을 지킨다. 지나가는 바람도 옷자락 여미고 밤하늘의 별들도 눈만 깜빡거린다. 밤길 걷는 나그네가 발걸음 옮기지 못하고 둥지 찾아드는 새는 소리 죽여 날개 접는다.

그런 밤은 섬진강 물도 흐름을 멈춘다. 매화 향기와 달을 품은 채 가만가만 그림을 그린다. 거꾸로 보이는 세상에 더 아름다운 색을 입힌다. 행여 거친 붓질에 달이 놀라 달아날까 봐 잔물결에 물감만 흘려보낸다. 향기가 아무리 차고 넘쳐도 한 점 허술히 흘려보내지 않고 한 치의 흩뜨

려짐이 없게 하려는 몸짓들로 봄날의 밤은 더 향기롭다.

어느 달빛을 그리워하는 여인의 마음속에 암향이 스며든다. 희어가는 머리칼을 만지작거리며 '어쩐다요.'를 되뇌는 모습이 꼭 저 매화꽃이다. 달빛에 젖어 있어도 젖은 줄 모르는 매화처럼 암향에 취해 있어도 취한 줄 모르는 여인. 비록 자신이 피워내지 못해도 피워내고자 하는 욕망을 품고 사는 그 자체가 값진 향기에 젖어 있는 것이라는 걸 모른다.

매화 꽃잎 흩날리어 꽃비를 뿌리는 날, 달빛은 서서히 숨을 줄이리라. 생명이 다했다 하여 서러워하지도, 할 일을 다 하지 못했다 하여 아쉬워하지도 않으리라. 누가 떨어진 꽃잎에 함부로 발자국을 남길 수 있을까. 누가 사위어 가는 저 달에 미련 없이 손사래 칠까.

섬진강 변에 배인 암향이 제 살 짓눌러 더 농축된 향으로 승화되는 날, 봄날은 가리라. 흐드러졌던 매화가 꽃비로 흩날리며 사위어 가는 달의 침묵을 품고 승천하는 날, 봄날은 가리라. 한 여인의 "어쩐다요."가 속절없이 메아리치며 봄날은 가리라.

모래알 구슬

바닷가 모래밭을 거닐다 보면 갖가지 그림과 만나게 된다. 그중에서도 특별히 게가 그려놓은 그림에 관심이 간다. 동글동글한 모래알맹이들이 수없이 많이 널려있다. 작게 보면 모래알 구슬이고 크게 보면 도화지에 그린 그림이다. 그러고 보면 바닷가 모래밭에는 수많은 그림이 널려 있는 셈이다.

어느 날, 그 그림들을 자세히 들여다보다 그림들의 형태가 조금씩 다른 것을 보게 되었다. 어느 것은 모래알맹이가 구멍 둘레에 옹기종기 모여 있는가 하면 어느 것은 모래알맹이 곁에 줄이 그어져 있었다. 구멍 둘레에 모여 있는 것은 모래 속에 집을 만들기 위해 길을 만드느라 퍼 올려 내놓은 것일 텐데 구멍도 없이 흩어져 있는 알맹이는 무얼까.

한참을 생각해 보다가 그것은 영양 섭취를 위해 모래를 먹은 뒤에 필요한 것만 흡수하고 나머지 것을 뱉어 놓은 것 같다는 생각이 들었다. 알맹이 옆에 짧게 그어진 줄이 그것을 의미하는 듯했다. 그리고 그 알맹이들은 일정하게 모여 있는 것이 아니라 산발적으로 널리 퍼져 있었다.

게들은 먹고 남은 찌꺼기와 집을 짓고 난 쓰레기들을 어쩌면 그렇게 아름답게 표현해 놓았을까. 정성 들여 빚어 놓은 경단 같다. 코를 가까이 대면 고소한 냄새가 날 것 같고 귀를 가까이 대면 고르고 편안한 숨소리가 들릴 것 같다. 저들의 세계가 그렇게 아름답기만 할까마는 어쨌든 내가 보기에는 참으로 아기자기하고 정겹다.

무언가 다른 세계에서 보는 우리 인간의 모습도 그렇게 보일 수 있을까. 사람 사는 모습이 그리 곱게만 보인다면 아마도 지구는 참 아름다운 것으로 생각할 것이다. 서서히 망가져 가고 있는 지구의 속 모습은 보이지 않고 한 겹 덧입은 겉모습만 보고 있을지도 모르는 일이니까 말이다. 하지만 좋은 일이든 나쁜 일이든 변해가고 있는 그 자체도 자연의 섭리가 아닐까. 생과 사가 반복되어 가면서 인류의 역사가 이루어지고 지구의 생태계가 뒤바뀌는 것이야말로 그 무엇으로도 설명할 수 없는 자연의 섭리일 터이다. 그 과정의 한 부분에 서 있으면서 인류가 변하고 생태계가 변경되어 가는 일에 왈가왈부한다는 것은 그야말로 어불성설이지 싶다. 그러니 자연의 섭리가 인류의 위에 있음을 인정하고 그 자연의 순환을 긍정적으로 받아들여야 할 것이다.

시시때때로 변하는 상황을 전달하는 뉴스 앞에서 그저 멍한 기분이 들 때가 많다. 내신이든 외신이든 '저럴 수가 있을까?' 하는 생각이 든다. 그러다가도 '저래도 세상은 돌아가겠지?' 하는 마음이다. 그래서인지 그런 일들에 대해 그리 크게 반응하지 않는 편이다. 자연의 섭리라고 생각되는 것 앞에서 만큼은 순순히 받아들여야 한다고 생각한다.

기후 변동에 따라서 오는 재앙이나 인간의 터무니없는 욕심으로 지나치게 발달한 기술 문명에서 오는 재앙이 다 역사의 뒤안길에 묻혀버릴 작은 일일 뿐일 것이다. 그것들이 하나의 포물선을 그리며 생겼다가 사라지고 사라졌다가 다시 생겨나는 생과 사의 반복이지 싶다. 그리고 지금의 나는 그 포물선 어느 한 점에 서 있을 뿐, 태고의 시간과 미래의 시간에 생기는 일들에 알지 못하고 사는 생물일 뿐이리라.

어디 한군데 모나지 않은 아름다운 모래알 구슬들이 들고나는 밀물 때문에 하루도 못 되어 사라지는 것을 보면 참 아쉽다. 그래도 때가 되면 끊임없이 이어지는 그림들. 사라졌다가 다시 생기고 또다시 만들어지는 것들이 있기에 바다는 살아 움직인다. 그러기에 계속 이어나갈 새로운 생명이 탄생한다. 순간순간마다 생겼다가 없어지는 것들이 결코 아무 의미가 없다 해도 지구의 역사가 이루어지는 한 페이지가 되는 것이다.

그런데 나는 나의 죽음에 직면해서도 이리 단순한 마음이 될까. 하루를 더 살겠다고 발버둥 치며 난리를 치지 않을까. 끝나가는 삶 앞에서 어떤 이유를 대며 죽음을 거부할까 의심스럽다. 그래도 생각은 그러지 말자고 다잡아 본다. 내 비록 어느 순간 밀려오는 파도에 휩쓸려 망가져 버리는 모래알 구슬 같다 해도 지구 역사의 한 페이지를 장식하는 존재일 테니까.

작은 모래알 구슬에서 커다란 우주의 섭리를 되새겨 본 하루다.

생명의 노래

눈길을 확 잡아끄는 그림이었다. 그림에 대한 설명 또한 마음을 끌어당기는 글이었다. 그날부터 신문을 기다렸고 그 연재를 스크랩하기 시작했다. 오래되어서 그것이 몇 장인지는 기억이 나지 않지만 한 번도 빠짐없이 정성스럽게 스크랩했었던 기억이 아슴푸레하다.

사실적이지 않으면서도 지나치게 추상적이지 않아서 좋았다. 적당한 숨김과 나타남이 교차하면서 무언가 깊이 있는 울림이 마음을 파고들었고 다시금 그림에 대한 미련을 불러일으켰다. 차곡차곡 쌓인 스크랩을 어릴 때 갖고 놀던 자잘한 소꿉 도구 같은 보물처럼 아꼈다. 그러다 책으로 묶여 나온 '화첩기행' 소식을 듣고 한걸음으로 서점을 찾았다.

책의 무게가 스크랩 무게보다 묵직해 보였다. 새 소꿉 도구가 생기면 예전 것은 미련 없이 버리던 어린 시절이 버릇이 그대로 남아 있었던가. 애써 모은 것들을 친구를 주었다. 그런데 왜 그런지 그 스크랩에 대한 향수가 묵직한 책 뒤편에서 어른거렸다. 그제야 그것이 나에게는 더 소중하다는 것을 깨닫고 책과 맞바꾸려 친구를 찾아갔다. 그러나 그 스크랩은 그 친구의 손에서 이미 떠나버린 물건이었다. 왜 그리 허망하던지……. 그림에 조예도 깊지 않고 안목도 없는 내가 왜 그 스크랩에 그렇게 미련을 두었는지 모를 일이다.

김병종 화가의 회향전이 있단다. 반가움이 스쳤다. 잊고 있었던 그 스크랩이 다시 생각나고 그때의 설렘이 다시 일었다. 그때나 지금이나 그림의 깊이를 제대로 이해하지는 못한다. 다만 잃어버린 것을 다시 찾은 듯한 감정이 그곳으로 발길을 끌었다.

김병종의 '생명을 그리다'에 전시된 그림은 친숙한 느낌으로 다가왔다. 동양화이면서도 서양화인 듯한 표현이 그리 낯설지가 않았다. 화폭에서 내 어릴 적에 보았던 풍경들이 기어 나오고 가슴에 뭔가 진한 액체가 스며드는 듯한 촉촉한 향수가 느껴졌다.

그림 곳곳에 어린 소년이 등장한다. 그 소년은 왜 옆으로 누워서 사물을 바라보는 것일까. 때로는 나무숲에서 때로는 물가에서, 바닷속에서 온몸으로 그들과 함께 호흡하고 있다. 옆으로 세상을 바라보는 몸짓에서 외로움이 묻어난다. 어쩌면 저 외로움이 작가에게 예술혼을 불러일으키게 하는 원동력이 되었을지도 모르겠다. 소년의 내면에서 꿈틀거리는 그 무엇인가가 화가에게 생명을 노래하게 만들었을 것이리라.

생명은 먹물 묻은 붓끝에서 꿈틀대며 태어나고 짙푸른 초록잎 속에 잠자듯 누워 있다. 새빨간 꽃잎 속에서 사랑을 노래하고 푸른 바닷속에서 꿈을 향해 질주한다. 그러다 거꾸로 처박히는 처참함으로 나락하기도 한다. 삶이란 그렇듯 양과 음이 함께 엉키는 것 아니던가. 음의 어둠을 알게 되어야 양의 빛남을 더 깊이 알게 되니 서로 떼려야 뗄 수 없는 관계일 것이다.

예수의 빨간 눈물에서 처절한 절망을 본다. 단 한 방울의 눈물이 내 깊은 곳에 웅크리고 있던 속울음을 건드려 품어 올린다. 세월의 문턱이 닳고 닳아도 아직 가슴 깊숙한 곳에 한 가닥의 회한이 남아 있었던가. 똑 떨어지는 빨간 눈물과 함께 내 안에 웅크리고 있던 독소 한 줄기가 가슴을 할퀴며 내려간다. 묵은 감정을 쏟아낸 듯한 카타르시스를 느낀다. 절망을 그린 그림 앞에서 맑아진 마음을 얻어 간다.

수탉의 날카로운 부리에서 세상을 향한 고함을 듣는다. 저 수탉은 무엇을 저리도 애타게 울부짖는가. 부리 속에서 힘을 세우고 있는 혀를 그냥 지나쳐서는 안 되리라. 내게 무엇인가를 알려주는 메시지일 수도 있다. 눈을 감고 귀를 막고 사는 세상을 향한 절규, 그것은 어쩌면 아무리 각박한 세상일지언정 불의에 타협하지 말라는 외침이지 않을까. 잠시나마 바른 세상에 대한 희망을 품어 본다.

깊고 깊은 산줄기. 그저 단색으로 담백하게 그려진 산이지만 겹겹이 싸인 능선 아래에 무엇인가 꿈틀거리고 있음을 느낀다. 예전에 지리산 종주를 하면서 보았던 풍경들이 소곤거리는 소리들이리라. 골짜기를 흐르는 물과 이름 모를 새들의 울음소리, 지천으로 깔린 야생화가 피고 지는 소리, 하늘을 온통 가릴 만큼 우람한 나무들과 썩은 나무둥치 밑동에 피어나는 이끼들의 숨소리 등등. 그 수많은 것들을 그려내기란 어려울 것이리라. 그래도 그 많은 것들을 담아내고 싶은 작가는 넓은 화폭 가득히 겹겹이 싸인 산줄기를 그리고 그 속에 다 숨겨 두었다.

산을 사랑해 보지 않고 깊은 산골짜기를 들여다보지 않은 사람은 그 속에 숨어 있는 풍경들을 상상할 수 없으리라. 땀에 젖은 얼굴에 산바람을 맞아 보지 않은 사람은 그림 속에서 살랑대는 바람을 느끼지 못할 것이고 고즈

넉한 능선 길을 걸어보지 않은 사람은 높고 깊은 산속에서 맛보는 평화로움을 감지하지 못할 것이다. 무에서 유를 창조하는 것이 아니라 경험에서 실체를 끌어내는 것이다. 삶에 그 어떤 부분도 그냥 얻어지는 것은 없으리니 부딪혀 소리 나는 일들을 그리 가벼이 여기지는 말 일이다.

어쩌면 화가의 마음과 동떨어진 생각을 하고 있는지도 모르겠다. 하지만 글이든 그림이든 세상에 선을 보인 것은 이미 독자의 것이다. 독자가 느낀 만큼의 무게로 재탄생되는 것이다. 보이는 그림에서 다시 만들어 낸 그림을 감상한다. 비록 그 많은 것 중에 어느 것 하나 내 것은 없지만 전시장을 둘러보는 순간만큼은 다 내 것일 수도 있으니 이런 부자가 어디 있으랴. 그동안 품고 있었던 그림에 대한 갈망을 조금이나마 채워본 기회다.

마음이 무척 호사한 날이다. 모처럼 입가에 방싯방싯한 웃음이 일고 목소리에 카랑카랑한 생기가 묻어난다. 상기된 마음으로 보는 전시장 밖 세상도 더없이 밝다.

떠풀

평소 자주 다니던 산책로가 엉망이다. 도로 공사를 하기 위해 막아버려 다른 길로 돌아다녀야 한다. 늘 다니던 길이 그렇게 되어 버리니 아쉽다. 어느 땐 나도 모르게 그 길로 들어섰다가 다시 되돌아 나오곤 한다. 하지만 어느 정도 시일이 지나니 자연히 그 길과 멀어져 갔다.

이제 새로운 코스가 당연한 길이 되어 버렸지만 옛길이 그리워 그 근처를 서성거려보기도 한다. 그러다 달라진 길 모습이 좀 당황스럽기도 했다. 사람들의 발자국 따라 다져졌던 길은 어느새 풀들이 수북해서 선뜻 발 들여놓기가 망설여졌다. 사람이 드나든 흔적이 없어지니 순간에 이렇게 되어 버리는구나 싶다. 문득 맹자의 말씀이 생각난다.

孟子謂高子曰 맹자위고자왈/ 山經之蹊間 산경지혜간/
介然用之而成路 개연용지이성로/ 爲間不用 위간불용/
則茅塞之矣 즉모색지의/ 今茅塞子之心矣 금모색자지심의

'사람의 발길이 거의 닿지 않는 산길이라도 사용하면 길이 되지만 한동안 사용하지 않으면 띠풀이 자라서 길을 막는다. 지금 그대의 마음을 띠풀이 꽉 막고 있구나.' 하는 내용으로 사람의 본성도 마찬가지라서 수양하지 않으면 본성을 잃어버리게 된다는 말이다. 당연한 말이면서도 실현하기 쉽지 않은 말이다. 누군들 그 사실을 모를까. 알면서도 지키지 못한다는 것이 문제이리라.

오래된 일이다. 상당히 가깝게 지내던 지인이 있었다. 마음 내키면 아무 때나 드라이브 나서고 여행을 다니면서 서로 거리낌 없이 속내를 보이던 사이였다. 한 가지 다르다면 그쪽은 농담을 좋아하고 나는 그런 농담을 잘하지 못하는 편이었다. 그러다 보니 그쪽에서 하는 말은 대부분 농담이고 내 쪽에서 하는 말은 전부 진심인 것으로 받아들이는 관계가 되었다.

어느 날, 그쪽에서 오는 농담을 별생각 없이 받아넘겼다. 그런데 친구는 본인이 한 말은 농담으로 했다고 생각하면서 내 말을 진담으로 알아듣고는 마음이 상했던 모양이다. 나는 그런 줄도 모르고 계속 연락을 취하고 있었는데 다른 사람을 통해 나와 결별을 작심했다고 하는 것이다. 나는 너무 어이가 없어서 아무 말도 할 수가 없었다. 뭐라 변명조차 하기 싫어 그 길로 소식이 끊어지고 말았다.

몇 년이 흐른 뒤 이번엔 정반대의 일이 생겼다. 다른 친구들과 대화를 하다가 내가 무척 마음 상하는 일을 당했다. 정말이지 만나고 싶지 않을 정도였다. 그러나 그만한 일로 정을 끊어 버린다면 내 곁에 과연 친구가 몇이나 남게 될까, 세상 살면서 외톨이가 될까 두려웠다. 어떻게 하든 친구를 놓치고 싶지 않다는 생각이 들어서 조심스럽게 행동을 했다. 내 마음의 상처가 가실 때까지는 자주 마주치지 말자는 생각으로 되도록 오래 대면하는 일을 만들지 않으려고 애썼다. 그런 결과 상당히 긴 시간이 지난 뒤에는 다시 전처럼 가까운 관계로 회복되었다.

먼저 친구와는 그야말로 띠풀로 막힌 길이 되어 버렸고 나중의 친구와는 더는 그런 길을 만들지 말아야 한다는 생각으로 위기를 넘겼다. 먼저 친구와의 그런 일이 없었더라면 나중의 친구 관계는 아마도 난 내 쪽에서 띠풀을 키웠을지도 모른다.

가끔 지나온 날들을 돌이켜 보면 참 안타까운 일들이 많다. 지나고 나서야 좀 더 현명하게 처신했더라면 좋았을 걸 하는 생각을 하게 된다. 그것도 몇 번의 시행착오 끝에 도달한 결론이다. 인생 공부는 왜 꼭 그런 시행착오를 겪어야만 터득할 수 있는 것인지. 하긴 그런 일들이 있었기에 내가 조금은 성숙해졌는지도 모른다.

부딪치고 꺾이면서 생긴 상처들을 안고 한없는 나락으로 떨어졌다가 다시 치받고 일어날 때는 어떤 희열을 느끼기도 했고, 극에서 극을 넘나드는 감정의 변화가 때론 삶의 무게를 높여 주기도 했다. 생각이 단순하지 못하다는 것은 맑은 성격이 되지 못하는 것일 수도 있지만 더 많은 삶의 굴곡을 들여다본 경험이 세상을 깊게 보는 눈을 만들어 주기도 했다.

어찌 보면 그 친구의 결별이 오히려 내 삶의 길을 올곧게 나아갈 수 있도록 해준 지침서가 된 듯싶다. 내 본성을 잃어버리거나 어긋나는 일 없이 잘 비껴갈 능력을 키워 준 것이리라.

이렇듯, 한 번 겪은 띠풀의 경험이 있었기에 내 안에는 그런 띠풀을 만들지 않으려고 노력하는 삶을 살아간다.

생명의 본능

"우리 집 암컷 두 마리와 유나네 수컷 두 마리를 합치다. 바로 둘둘 짝지은 나방들. 이제 내 맘이 편해졌다.^^"

라고 쓴 글과 함께 사진 한 장이 카카오스토리에 올라왔다. 그걸 보고 나니 내 마음도 안심이 되어 흐뭇한 미소가 절로 나왔다.

유치원에 다니는 손녀딸이 누에 세 마리를 가져왔더란다. 잘 키워서 나방이 알 낳는 것까지 지켜보고 구멍 뚫린 고치를 가져가야 하는 숙제란다. 며느리는 징그러워서 저걸 어떻게 키우나 싶었는데 자식의 숙제라니 어쩔 수 없이 받아들였다는 것이다.

신기해하며 살펴보는 딸아이 앞에서 제 어미는 내색도 하지 못하고 먹이 주랴, 청소해주랴 정성을 쏟았더란다. 그러더니 점점 그 누에들에게 정이 가더라는 것이다. 틈틈이 움직이고 먹고 자는 장면들 사진을 올리면서 재미있어 했다.

그 사진들을 들여다보는 나 역시 재미가 있었다. 예전에 키워 보았던 기억들이 되살아나면서 반가운 마음에 이런저런 수다를 늘어놓기도 하고 도시에서 먹이 구하기가 어렵다는 말을 듣고는 뽕나무를 찾아 잎을 따 보내기도 했다. 누에 세 마리가 얼마나 먹을까마는 모자란다고 하면 또 보내야지 하는 생각으로 눈에 자꾸 뽕나무만 보였다.

결혼하고 일 년을 농사짓는 큰집에서 더불어 산 때가

있었다. 누에를 키워본 것도 그때였다. 봄과 가을 두 차례를 키우는 동안 누에가 사랑스럽게 보이기까지 했다. 만져보면 그렇게 부드러울 수가 없었다. 누에들이 뽕잎 먹는 소리가 마치 비 오는 소리처럼 들리는 것도 신기하고 정다웠다.

그런데 한 번은 큰 낭패를 보았다. 동네 우물에 다녀왔더니 방문이 다 열려 있고 닭들이 들어가서 한참 신나게 누에들을 쪼아 먹고 있었다. 내가 없는 사이에 조카들이 들어왔다가 방문을 열어 놓고 나가버린 것이다. 들에서 돌아온 어른들께 호되게 꾸중을 듣고 많이 울었던 기억이 아직도 생생하다.

큰아들이 무엇이든 손에 잡히기만 하면 입으로 들어가던 시기였다. 누에한테 밥을 주는 사이에 등 뒤에 업혀 있던 아들이 누에를 집어 입에 넣고 우물거렸던지 손과 입에 누에가 짓이겨 있었다. 그때는 그것을 본 순간 소름 끼치게 놀랐지만 나중에는 가끔 그 얘기를 하면서 아들을 놀리기도 했었다.

카카오스토리에 올라온 사진들을 보면서 이런저런 추

억들이 되살아나 풋풋했던 옛 시절을 돌이켜보게 됐다. 그러다 보니 자꾸 아는 체를 하게 되고 궁금해했더니 아예 내게 보여 주겠다고 누에 통을 들고 다니러 왔다. 벌써 고치를 짓고 두 마리는 나방이 되었다. 애벌레 모습일 때도 그리 흉해 보이지 않더니 나방도 참 예쁘다. 통통한 배며 새까만 눈이 앙증맞다. 그런데 아쉽게도 두 마리가 다 암컷이었다. 꼬리를 벌름거리며 애타게 수컷을 기다리건만 수컷이 없으니 어쩌랴. 수컷을 기다리다 못해 무정란을 조금씩 낳는다. 고치 하나가 남아 있긴 한데 그것이 암컷인지 수컷인지 알 수가 없을뿐더러 아직 아무런 기척이 없다. 암컷이 살아 있는 기간이 얼마 남지 않았을 텐데 이걸 어쩌나 싶어서 식구들이 모두 애가 탔다.

그러다 제집으로 돌아간 며칠 후, 며느리가 올린 글을 보니 그렇게 반가울 수가 없었다. 참 다행이라는 생각에 자꾸 사진을 들여다보게 된다. 혼기 놓친 자식을 둔 부모 마음이 이럴까. 새삼 모든 생물의 생명 보존 본능이 위대해 보인다. 하루살이나 작은 풀꽃 하나에도 음양의 이치가 맞아야 종족을 이어 갈 수 있지 않은가. 물론 우리 인간에게도 말할 것 없이 중요한 진리요 신의 섭리다.

비록 미물이지만 한 생을 마감하기 전 자신이 해야 할 몫을 착실히 하는 모습들이 경건하고 아름답게 보인다. 내 가족들, 특히 이제 세상을 알아가는 손주들도 잘 자라서 몸과 마음이 다 건강한 삶을 살았으면 좋겠다. 아직 짝짓기가 무엇인지도 모르면서 활짝 웃는 꼬맹이들이 마냥 귀엽다.

세호細虎

무덤의 표지 석물인 망주석에는 묘한 형상의 조각물이 있다. 언뜻 다람쥐 같지만 특정 동물이 아니라 상상의 동물이란다. 그 형상이야 어떻든 명칭만은 분명히 세호細虎다. 가늘게 새긴 작은 범이라는 뜻.

봉분 좌우 망주석에 새겨진 세호의 머리 방향은 서로

반대이다. 한쪽은 위로 올라가는 방향이고 한쪽은 밑으로 내려오는 방향이다. 그 이유는 여러 가지 설이 있는데 올라가는 세호는 영혼이 바깥세상으로 나들이 나오는 것이고 내려가는 세호는 다시 무덤으로 돌아가는 뜻이란다. 또는 망자 집안이나 나라의 기운이 너무 뻗치면 내리눌러주고 너무 저조하면 높여주기 위한 상징이란다. 어떻든 세호는 액과 잡귀를 막거나 음양 조화의 장치물로 해석하면 큰 잘못이 없다는 것이다.

그저 무심히 보아왔던 망주석의 형상에 대한 의미가 요즘 들어 아주 크게 마음에 와 닿는다. 정말 망주석 세호 역할이 그런 것이라면 우리 역사 속에 수없이 많은 인물의 망주석 세호들은 지금 어떤 일들을 하고 있을까. 이리 뒤죽박죽인 세상을 멍하니 지켜보고만 있는 것일까. 아니면 이리 저리 하자는 의견을 모아 실행하는 중일까.

가끔은 눈과 귀와 입이 거추장스러울 때가 있다. 보고 싶지 않고 듣고 싶지 않고 말하고 싶지 않은 일들이 수없이 많다. 그런데 그런 일들이 시간이 지나다 보면 새로운 일들에 묻혀 사라진다는 사실이다. 그저 역사의 한 점 획으로 남아 흔적만 남을 뿐이다. 그렇게 이어지는 역사 속에 어떤 식으로 남는 흔적일지는 모를 일이다.

내가 살고 있는 지금이 혼탁한 정세 속인지 순탄한 정세 속인지는 후대에 가서야 알려질 일이니 지금의 나로서는 알 수 없다. 그렇다면 누구든 그 시대를 살아가는 본인의 마음가짐이 어떤지에 따라서 나름대로 혼탁과 순탄의 길이 가늠되지 않나 싶다.

"말이 씨가 된다."는 말에 덧붙여 하고 싶은 이야기가 있다. '생각이 씨가 된다.'는 말은 어떨까. 어떤 일을 놓고 부정적으로 생각하느냐 긍정적으로 생각하느냐에 따라 자신의 운명과 집안의 안위와 나라의 흥망이 결정된다고 보아도 무리가 없을 것이다.

그 어느 때보다도 시끄럽다고 했던 지난해에도 나는 조용한 흐름을 보고 있었다. 그 많은 촛불집회는 불상사가 일어나지 않은 집회로 끝을 냈다. 한숨 입김이면 꺼질 수 있는 촛불이 조용한 빛이면서도 거대한 빛이었음을 온 지구 사람들은 알고 있다. 이것을 어찌 혼탁이라는 말로만 대신할 수 있는가.

사드 보복으로 생기는 경제적 손실이 크다고 걱정들이다. 물론 무시할 수 없는 상황이기에 안타까운 일이지만 한편으론 우리나라의 자연이 잠시 숨을 쉴 수 있는 계기가 되었다고 본다. 우리나라 곳곳이 온통 중국말로 범벅되었다고 하고 중국인들이 사들인 땅으로 중국인 가게를 만들어서 중국인의 거리가 되어가고 있다는 말에 마음이 편치 않았었다. 그런데 요즘은 예전처럼 한가한 풍경을 볼 수 있고 그 자리를 우리나라 사람들이 발걸음하고 있단다. 내 나라 풍경이 내 것으로 다시 돌아온 것 같아 얼마나 다행인가.

평창올림픽으로 인한 남북한의 교류도 희망적으로 변하고 있다. 북한의 움직임이 경제적 불균형으로 인한 다급한 처세인지, 아니면 미리부터 짜놓은 작전인지는 모르겠지만 갑작스러운 변화에 세계의 이목이 쏠려 있다. 하지만 그런 알 수 없는 일들 속에서 어렴풋이 느껴지는 것은 '통일'이라는 단어가 연상된다는 흐름이다. 어느 면에서 어떤 식으로 이루어질지는 모르겠지만, 또 얼마의 기간이 지나야 할지는 모르겠지만 그 길이 보인다고 생각하고 싶다.

그렇게 긍정적으로 생각하고 싶다. 그렇게 흘러갔으면 좋겠다. 물론 사람들의 생각이 다 같을 수는 없지만 긍정의 힘이 어떤 것인지를, 그 기운이 어떤 영향을 주는 것인지를 안다면 결코 소홀히 넘어갈 일이 아닌 듯하다. 문제는 그 힘을 어떻게 얻어내느냐이다. 잘나고 높은 사람들의 힘에서 얻어지는 것이 아니고 어느 한 사람의 힘도 아닐 터이다. 아주 미세한 안개 입자가 모여 하나의 물방울이 되고 비가 되어 강물, 바닷물로 이어지듯 비록 아주 작은 존재일지라도 나부터 시작해서 무리 지어진 일일 것이다. 그 무리의 가장 기본적인 알갱이로 존재하고 싶다면 지혜로워야 할 일이다. 그 일이야말로 가장 우선적인 일이고 최소한의 일이면서도 최대의 가치를 발휘하는 기본이 되는 일이지 싶다.

그러기 위해서는 자신을 위한 세호 하나쯤 만들어 보는 것도 좋지 않을까. 죽고 나서 다른 사람의 손에 만들어지기보다는 살아생전 마음에 만들어 두고 자신을 스스로 다스리도록 하면 좋을 듯싶다. 그래도 된다면, 나의 세호에게는 이런 부탁을 하고 싶다.

가장 낮은 곳에서 사는 사람들처럼, 정말 힘들고 어려운 경지를 겪어 본 사람들처럼 작은 일에도 감사할 줄 아는 그런 따듯한 눈을 갖게 해달라고. 거대한 그림을 완성하는 아주 작은 모자이크 한 조각만으로 살아도, 그 위치가 비록 그림자에 속하는 곳에 있을지라도 충분히 그 가치를 인정받고 있다고 생각하고 싶다. 내가 스스로 내 존재를 인정하는 것이야말로 표현하고자 하는 그림이 될 것이다. 그것이 나를 위하고 가정을 위하고 더불어 밝은 사회의 밑그림이 되는 원천이지 않을까. 그리고 그것의 가장 기본적인 바탕은 긍정적인 힘이리라.

나와 나라의 세호(?)에게 그 힘을, 기운을 받아 내리고 올리는 일에 게을리하지 말아 주기를 간곡히 염원해 본다.

탈피

매끈한 수피樹皮가 살짝 들떠 보인다. 군데군데 벗겨지려 하기도 하고 어느 것은 이미 탈피되어 자국만 남아 있다. 그 자국이 색다른 무늬를 만들어 놓았다.

나무가 자랄 때 몸체를 키우면서 거치는 과정인 듯하다. 처음엔 아주 연하고 부드러웠을 것이다. 그러다 나무다운 나무로 성장하기 위한 몸살일까. 한겹 한겹 벗어가며 남은 흔적이 고스란히 남겨졌다. 벗겨진 시기에 따라 색이 다른 것 같다. 엷은 회색과 갈색과 주황색으로 이루어진 배합이 참 아름답다. 모과, 배롱나무 등과 비슷한 종류인데 그중 수피가 제일 아름답다고 알려진 노각나무이다.

떨어지기 직전의 수피의 모양에 눈길이 머문다. 떨어지지 않으려 있는 힘을 다해 매달려 있는 것 같기도 하고 본체와 빨리 분리되기를 원하는 것처럼 발끝에 힘을 주어 밀어내는 모양 같기도 했다. 아니, 토슈즈를 신고 온몸을 뒤로 젖힌 발레리나의 멋진 포물선 같은 자태 같다고나 할까.

나무에는 환희일까, 고통일까. 아름다움이란 이미지를 안고 있는 것들은 그만큼의 고통도 함께하는 것이리라. 겉살 떼어내고 속살 채워야 하는 시련이 깊건만 겉모습만으로 그 가치를 치부해 버리는 눈길이 마냥 야속하기도 할 것이다. 고통 속에서 피어나는 '승화'라는 단어로 묶여 버리는 고정관념이 삶에서 우선순위가 되어버린 것은 무엇 때문일까.

사람다운 사람으로 산다는 것은 참으로 어려운 일인 듯하다. 해야 하는 일이고 감당해야 하는 일이라고 생각하며 살다가도 틈이 보이는 때가 있다. 누구에게 원망도 푸념도 하지 않으려는 각오로 버티고 버티는 마음이지만 어느 한계에 부딪히면 과부하가 걸리고 만다. 어느 한순간 안으로 움켜잡고 있던 '표면장력'이 터져 버린다.

그러고 나면 더는 안으로 감싸 안을 힘이 없어져 버린다. 그렇다면 훌훌 털고 나오면 되련만 왜 끊어내지 못하고 끙끙대는 것인가. 그 끈끈한 정에서 아주 떨어져 버릴까 봐 애면글면하는 것인지, 붙잡고 늘어지는 상대의 마음을 떼어내느라 발버둥을 치는 것인지 도통 알 수가 없다. 아니면 누군가에게 아름답게 비치지 못함을 아쉬워하는 것인가.

상처는 상처를 받은 곳에서 풀어야 한다고 했던가. 가슴 밑바닥에 붙어 있는 상처들을 쓸어내기 위해 과감히 그런 길을 택하기도 한다. 하지만 먼지 닦아내려다 손때만 더 입히는 꼴이 되기 십상이다. 찌들대로 찌들어져 딱

딱하게 굳어져 버린 더께는 떼어낼 수조차 없는 경지가 되기도 한다.

이를 악물은 입안에서는 쓴내가 난다. 뱉지도 못하고 삼키지도 못하는 냄새 고약한 침이 입 안 가득 고여 입술을 뗄 수가 없다. 누군가와 맞닥뜨리면 거침없이 흘러나올 것이 두려워 사람들을 피해 다닌다. 마음 고통을 이기기 위해 육체적 고통을 택하는 경우도 있다. 몸이 망가질 대로 망가지도록 힘든 일에 매달리기도 한다.

하지만 모든 게 헛짓일지도 모른다. 제아무리 발버둥을 쳐 봐도 그 자리에서 뱅뱅거리기만 할 뿐 타인에게 아름답게 보이지 못하는 점이 제일 큰 굴레가 되어 옭아맨다. 뒤돌아보면 변명 같고 핑계 같아서 맥 빠지는 기분이다. 그러고 보니 토슈즈 안에 묶인 발레리나의 발끝을 생각하면 아직 맨들맨들한 살인 듯하다. 그래서 조그만 가시에도 아파하는 엄살쟁이 아닐까. 어느 만큼이나 깎아내야 좋을지를 생각하면 고통이 앞선다.

자신의 몸 깎이는 탈피가 남의 눈 아름다움으로 비치는 승화는 솔직히 말하면 버리고 싶은 속내이기도 하다.

남의 눈에 비치는 '나'가 아니라 내 안에 살아있는 '나'이고 싶어 때론 탈피를 거부한다.

산행일지

백두대간을 걸으며

내 생활 동선 중 가장 어려운 것이 등산이다. 부실한 심장과 부족한 폐활량으로 살아야 하는 나로서는 정말 힘든 고행이다. 그런데도 산으로 향하는 마음을 막을 수가 없다. 한 번씩 다녀올 때마다 뒤따르는 고통이 컸다. 그렇게 힘든 일이기에 더욱 성취감이 큰 것인지도 모른다. 처음엔 야트막한 산부터 시작해서 점점 범위가 넓어졌다. 한라산, 지리산, 덕유산 등을 완주하고 나니 더 욕심이 생겼다.

나에게 백두대간 등산이란 감히 상상할 수도 없는 일이었다. 그런데 그동안 다녀왔던 길을 짚어 보니 대부분 백두대간 길에 포함되는 길이었다. 어느 때부터인가 그 나머지 길을 걸어봐야겠다는 생각을 하게 되었다. 내가 사는 전라북도에 걸쳐 있는 백두대간만이라도 종주하고 싶었다. 그렇게 시작한 백두대간 길이다. 나로서는 정말 어려운 여정이었기에 여기에 그 기록을 남겨 두고자 한다.(시기에 따라 적당한 곳을 다녀야 했기에 차례대로 이어진 것이 아니고 여기저기 순서 없이 다녔다.)

지리산 북부 능선(성삼재휴게소 ~ 만복대 ~ 정령치휴게소)

예전에 천왕봉에서 성삼재까지 걸으면서 지리산 종주를 했다고 생각했는데 알고 보니 그곳은 지리산 남부란다. 나머지 북부까지 걸어야만 지리산 종주를 했다고 하는데 나는 반쪽만 하고는 지리산 종주를 했다고 생각했다. '만복대 탐방로'는 총 7킬로미터 정도의 길이다. 만복대 높이는 1433.4미터, 많은 사람이 복을 누리며 살 수 있는 자리라 하여 붙여진 이름이란다. 억새가 흐드러지게 핀 가을과 설화가 만발하는 겨울에 인기가 좋은 등산로이다. 똑같은 길인데도 백두대간 길을 밟는다고 생각하니 세상에 부러울 것이 없을 만큼 흐뭇하다. 힘들 수밖에 없는 신체적 요건이었기에 성취감이 남달랐다. 다음은 어느 곳으로 갈까. 자꾸만 욕심이 생긴다.

덕유산 능선(향적봉 ~ 무룡산 ~ 삿갓재 ~ 황점마을)

매년 7월이면 원추리가 보고 싶어진다. 보고 보아도 또 보고 싶은 원추리. 덕유산 종주를 하면서 실컷 보리라 마음먹고 2박 3일의 일정을 계획했다. 향적봉에서 영각사까지로 잡았다. 산행을 시작하기 위해 전날 곤돌라로 설천봉에 오른 뒤 향적봉대피소에 숙박했다.

아침 일찍 향적봉대피소를 나서니 안개가 자욱해서 발밑도 살펴 걸어야 할 것 같다. 야생화를 제대로 볼 수는 없었지만 그런대로 운치가 있어 좋았다.

동업령에 도착하니 하늘이 많이 맑아졌다. 앞뒤를 둘러보니 탁 트인 풍경에 속이 후련하다. 야생화에 어우러진 평전이 참으로 아름답다. 걷고 또 걷는다. 바로 앞사람이 보이지 않을 정도로 칙칙한 숲도 있고 탁 트인 전망이 펼쳐지기도 한다.

무룡산, 그곳에 자리한 원추리 군락지를 찾아가는 것이 산행의 목적이다. 힘들게 힘들게 걸어서 드디어 무룡산에 도착하고 나니 그동안 힘들어서 처져 있던 몸의 피로가 싹 풀린 듯 마음이 가볍다. 이정표 뒤로 보이는 삿갓봉과 남덕유산이 더없이 정겹게 다가온다. 다시 원추리 군락지를 향해 간다.

높아도 높아 보이지 않는 곳에 서서 삥 둘러보니 눈 가는 곳마다 원추리다. 원 없이 보고 또 본다. 이렇듯 높은 곳에 넓은 평원이 있다니……. 저 가녀린 줄기로 산등성을 넘나드는 거친 바람을 어찌 견딜까.

원추리와 원 없이 놀다가 삿갓재대피소에 도착하니 한 방울씩 오락가락하던 비가 무섭게 쏟아지기 시작한다. 저녁을 먹을 즈음부터는 천둥번개가 요란하다. 샘터를 가야 하는데 멀어서 이런 비를 뚫고는 갈 수 없단다. 산에서는 제일 귀한 것이 물이다. 그래서 양치질이나 비누를 사용할 수 없다. 계곡의 상류인 만큼 오염시켜서는 안 된다는 산사람들의 규칙이다. 그래서 제대로 씻지도 못하고 잠자리에 들었다. 많이 피곤했나 보다. 천둥번개가 치든 말든 곯아떨어졌다.

아침에 일어나니 비가 조금 갠 하늘과 풍경이 산뜻하다. 산 사이를 오락가락하는 구름이 참으로 아름답고 공기가 신선해서 모처럼 마음껏 들여 마셨다. 그런데 폭우로 모든 산에 입산금지령이 내렸단다. 별수 없이 나머지 구간의 산행을 다음으로 미루고 황점마을로 내려왔다. 덕분에 여유를 누리며 즐겼다. 특히 야생화에 눈길이 머문다.

밤새 내린 비로 개울물 소리가 우렁차다. 무사히 잘 도착했다고 생각할 즈음 만난 폭우는 복병이었다. 비옷을 입었지만 아무 소용이 없었다. 어쩔 수 없이 여분의 비닐을 아예 뒤집어썼다. 그런 내 모습을 누가 보았다면 얼마나 우스울까 생각하며 내가 쿡쿡거렸다. 다행히 얼굴로 쏟아지는 비는 막아낼 수 있었지만 더워서 땀이 비 오듯 하다 보니 결국 온통 젖어 버렸다. 그래도 마음은 흡족했다.

덕유산 능선(황점마을 ~ 삿갓재 ~ 남덕유산 ~ 영각사)

덕유산 종주를 나섰다가 비가 쏟아지고 천둥, 번개가 치니 입산금지가 되어 버려서 어쩔 수 없이 도중하차하고 말았었다. 그때 원추리는 원 없이 봤지만 나머지 구간을 못해 내내 아쉬웠는데 청명한 날씨가 자꾸만 손짓을 한다. 서늘해진 바람이며 한들거리는 들풀들이 내뿜는 가을 냄새를 이기지 못하고 배낭을 짊어졌다.

지난번에 내려왔던 황점마을에서 다시 삿갓재대피소로 향했다. 하룻밤을 지내고 남덕유산을 향하여 출발이다. 삿갓봉에서 사방팔방으로 둘러보는 풍경들. 뒤쪽은 지난번에 들렀던 무룡산, 앞쪽은 앞으로 가야 할 남덕유산, 그 옆으로 서봉 등 덕유산을 상징하는 봉우리들이 정말 장관이다. 시시각각으로 왔다가 사라지는 안개 때문에 잠시 사진 찍을 기회를 놓치곤 했다. 아니, 구름이 있기에 더욱 봉우리들이 신비하게 느껴져 셔터 누르는 속도를 늦추었다고 해야 옳을 것이다.

남덕유산에 도착해서 영각사 쪽으로 발길을 돌리니 정말 멋진 풍경이 눈길을 사로잡는다. 우뚝 솟은 바위, 그

위를 올라갈 수 있는 계단들이 멀리서도 보인다. 그 계단을 올라갈 일이 설레기까지 한다. 한발 한발 가까이 가면서 내려다보는 주위 풍경이 아찔하다. 계단의 경사가 급해서 잘못하면 낭떠러지로 곤두박질칠 것 같다.

철계단을 내려가면서 아찔한 순간을 경험했다. 스틱 하나가 손에서 쑥 빠져나가면서 철계단을 미끄러져 내려간다. 그 스틱을 잡으려다 하마터면 앞으로 꼬꾸라질 뻔했다. 가슴이 철렁했다. 경사가 위험해서 계단 옆 손잡이를 잡고 가려는데 스틱이 불편하다고 생각했더니 꼭 그 생각을 느낀것 같다.

세상에 존재하는 모든 것들은 모두 듣는 귀가, 느끼는 귀가 있구나 싶다. 그러니 어느 사람한테든, 아니 세상 어떤 사실 앞에서도 결코 헛된 생각을 품지 말아야 할 일이다.

덕유산 능선(육십령휴게소 ~ 할미봉 ~ 서봉 ~ 남덕유산 ~ 월성재 ~ 황점마을)

언젠가는 한 번 꼭 해보고 싶은 코스였다. 매우 힘든 구

간이기는 하지만 경치가 빼어나다는 곳이라 해서다. 하지만 하루 걸어야 할 길이 나에게는 너무 벅차서 문제였다. 이리저리 연구한 끝에 가장 해가 긴 6월 20일쯤으로 잡았으나 장마가 일찍 시작했다. 장마가 끝나고 나서는 폭염이 연속, 심장이 부실한 나로서는 선뜻 나설 수 없는 기후였다. 그러다 보니 9월이 넘어 버렸다. 참 많이도 조바심내며 기다린 등산이다.

긴 코스이기도 하지만 좀 힘든 구역이라서 시간이 많이 걸릴 듯하여 새벽 일찍 출발하기로 했다. 그러기 위해 전날 육십령 휴게소 근방에서 민박을 했다.

오전 5시 육십령고개 들머리 출발, 깊은 산속에서는 산짐승이 나타날까 두렵다. 짐승들이 쇳소리를 싫어하여 쇳

소리를 들으면 미리 피한다고 하기에 풍경을 달고 걸었다. 발걸음 뗄 때마다 울리는 풍경소리가 처음부터 끝까지 같이했다. 잔잔히 들리는 풍경소리 또한 우릴 자연 속에 묻히게 했다.

더러 발 디디기가 어려울 정도로 정비가 되어 있지 않은 구간도 있다. 국립공원으로 지정되지 않은 곳은 정비가 되지 않는단다. 그래도 명색이 우리나라 지형의 뼈대인데 그렇게 홀대할 수가 있을까 싶어 아쉬운 마음도 든다.

오후 2시 서봉에 도착, 정상에서 휘둘러보는 풍경이 과연 절경이다. 새벽부터 걸어온 아스라한 능선을 바라보는 마음도 흐뭇하고 가야 할 남덕유산 경관도 멋지다. 정상에서 맛보는 청명한 날씨에 살랑거리는 바람, 산뜻한 햇볕이 얼마나 좋던지 일어서기가 싫었다. 늦은 점심을 허겁지겁 먹고 나니 나른해서 일어설 기력이 없다. 마음 같아선 한소끔 자고 싶다. 하지만 하산 시간을 맞춰야 하기에 서둘러 남덕유산 쪽으로 출발한다.

오후 5시, 월성재에 도착. 이제 황점마을로 하산길이다. 월성재에서 황점마을까지의 산길이 잘 닦아져 있어 어두워도 걷는 데 불편하지 않을 정도다. 걷는 데 불편함이 없으니 마음 놓고 얘기를 나누며 하산했다. 도란도란 나누는 정담이 더없이 좋은 시간이었다.

오후 7시 30분, 황점마을 날머리에 도착했다. 총 15시간 정도, 아침, 점심 두 번의 식사 시간과 휴식 시간 등 2시간 정도를 빼면 13시간을 걸었다. 13여 킬로이니 1시간에 1킬로를 걸은 셈이다. 평소 내 속도와 크게 차이나지 않았다. 단지 어깨가 다른 때보다 좀 더 아프긴 했다. 아마도 늑막수술 후의 후유증인 듯싶다. 그래도 이렇게 걸을 수 있다는 내 건강에 감사하고 또 감사하다.

꼭 하고 싶은 구간들이 대충 끝났다. 이제 그 나머지 구간들을 차례로 다닌 구간이다. 구간구간을 다 기록할 수는 없어 간단히 거친 곳들만 적어보기로 한다.

지리산 능선(정령치휴게소 ~ 큰고리봉 ~ 고기리 ~ 노치마을 ~ 여원재 ~ 매요마을 ~ 복성이재)

위의 구간은 4번에 나누어 조금씩 걸었다. 급히 다투어 걸을 일도 없거니와 무조건 통과하기 위해 의미 없이 걷고 싶지는 않았다. 천천히 바람과 구름과 벗하며 야생화에 취하고 나물을 뜯으며 걸었다. 놀며 가며 걷는 길, 산길을 걷는 날은 세상 부러울 것이 없다.

한 가지 아쉬운 것이 있다면 어느 구간에선 이정표가 전혀 없었다. 산꾼들이 매달아 놓은 리본을 보며 찾아가긴 했지만 이런 대간 길에서는 꼭 있어야 하지 않을까. 방향을 알 수 없는 곳에서 잠시 헤매다가 보니 누군가 손글씨로 써서 비닐을 입혀 나무둥치 옆에 세워 놓았다. 참으로 반갑고 고마운 손길이었다. 그런데 그 임시 이정표를 써 놓은 사람은 멀리 타지에서 온 산악회원들이었다. 내 고장, 전북지역 대간에서 타지역 사람들이 쓴 이정표를 보니 참 씁쓸한 마음이 들었다. 우리 고장에 이런 대간이 이어졌다는 사실만도 자랑스럽게 생각해야 하는데 그런 것들을 정비하는 마음들은 너무 허술한 듯싶다.

봉화산 능선(복성이재 ~ 봉화산 ~ 월경산 ~ 중재)

초봄이어서 겨울과 봄을 같이 느끼는 시기였다. 눈길을 걷기도 하고 벙긋거리는 꽃봉오리에 마음을 빼앗기기도 했다. 봉화산 부근의 바위, 사방으로 보이는 풍경이 아주 좋다. 그동안 먹먹했던 가슴이 툭 터지는 순간, 아! 이 맛에 산행을 하는 것 아니던가.

봉화산은 철쭉꽃과 억새 군락지다. 봄이면 온통 붉은 꽃으로 물드는 봄 산 대표이기도 하고 가을이면 억새가 만발한 가을 산 대표이기도 하다. 그래서 백두대간 길이라 찾기보다는 철마다 다른 분위기를 맛보러 많은 사람이 오르는 산이다. 언제가 다시 오르고픈 산. 이 길은 다시 점을 찍어 놓은 코스다.

백운산 능선(중재 ~ 백운산 ~ 영취산)

지지터널 근방에 있는 계곡에 들머리가 있다. 승용차를 영취산 아래, 무령고개에 있는 주차장에 놓고 택시로 지지계곡 들머리로 갔다. 중재로 넘어가기 위해서는 자그마한 계곡을 건너야 하는데 다리가 없다. 물이 많지는 않지만 신발을 벗어야 하는 상황이라서 아직 차가울 텐데 싫어 망설이는데 떠나려던 택시 기사님이 돌멩이를 날라다 디딜 자리를 만들어 준다. 고맙고 감사한 마음으로 인사를 주고받은 참 훈훈한 하루의 시작이었다.

하마터면 미끄러져 낭떠러지로 떨어질 뻔한 날이기도 했다. 무엇 때문에 이리 미끄러울까 싶어서 낙엽을 걷어내 보니 아뿔싸! 그 밑에는 아직 동장군이 머물러 있었다. 아직 녹지 않은 얼음들이 곳곳에 숨어 있었다. 더듬거리며 걷느라 시간이 더 많이 걸렸다.

지도를 보며 은근히 걱정했던 구간인데 생각보다 힘들지 않았다. 이 구간은 특히 시누대가 많아서 아늑한 길이었다. 구간구간마다 다 다른 특징이 있긴 했지만 공통점이라면 그리 험한 길은 아니라는 점이다. 예전엔 백두대간 길이 무척 험할 것이라는 생각이었는데 막상 걸어 보니 참 아늑하고 편안한 길이 더 많았다. 아마도 능선길이라서 그런가 보다. 그 능선까지 이어주는 접속구간이 오르고 내리기가 좀 힘들기는 해도 백두대간을 이어지는 길은 대체로 아주 편안한 길들이었다.

영취산 능선(영취산 ~ 덕운봉 ~ 육십령고개)

이번 코스는 무령고개 주차장에서 영취산으로 올라가는 접속구간이 짧아서 좋다. 어느 코스든 올라갔다 내려

가는 접속구간이 힘든데 이런 곳을 잘 골라 계획을 짜면 쉽게 등산을 할 수 있다. 그런 점에서 보면 이번 코스가 무난하니 좋았던 것 같다.

연신 '길이 참 좋다.'라는 말을 하며 걷게 된 길이다. 이 길을 걸었던 때가 5월 중순이라서 한참 나물이 많은 때였다. 각가지 나물들을 뜯느라 유난히 시간이 더 많이 걸렸다. 사람의 욕심이 이런 것일까. 시간이 지날수록 무거워지는 나물 보따리가 부담되었지만 그래도 보이는 것을 그대로 두고 지나칠 수는 없었다.

그보다 더 좋았던 것은 이 구간은 유난히 야생화가 많았다. 한창 풍성한 철쭉꽃도 예뻤지만 곳곳에 핀 야생화가 많아 눈이 호강했다. 특히 은방울꽃은 아주 대군락을 이루고 있었다. 참 귀한 꽃이어서 보기 힘들다고 생각했었는데 아주 끝없이 이어진 군락지였다. 그 외에도 참 많은 야생화를 볼 수 있는 구간이어서 그 길은 '야생화의 길'이라고 이름 붙이고 싶었다.

덕유산 능선(향적봉~ 백암봉 ~ 횡경재삼거리~ 신풍령)

그동안 계획했던 길의 마지막 구간이다. 지리산 천왕봉에서 무주 삼도봉까지 전라북도에 걸쳐있는 백두대간의 길이는 160여 킬로. 그중 130여 킬로까지 걷는 셈이다. 유난히 곡절이 많아 미루고 미뤄졌던 그날이 왔다.

날을 잡는 것부터 힘들더니 끝내 일이 벌어지고 말았다. 그간 긴 산길을 걸으면서 무던히도 걱정했던 일이 벌어졌다. 향적봉을 출발해서 중봉에 도착할 무렵 기어이 심장에 조금 이상이 온 것이다. 앞으로 나가기도 두렵고 뒤로 돌아서기도 아쉬웠다. 한 시간 정도 심장을 진정시키며 정말 어려운 고민을 했다. 어찌해야 할까.

나의 부실한 심장은 어느 장기보다도 조심해야 할 것들이 많았지만 그렇게 살기는 너무 아쉬워서 가끔 호기를 부리기도 한다. 하지만 이번엔 다르다. 만약 산속에서 내게 무슨 일이 생기면 친구가 어떻게 감당할까. 이것이 제일 큰 문제인 것이다.

'나는 독종이다.' 내가 나에게 이런 말을 하면서 진행하기로 결심했다. 언제나 그렇듯 다음 일은 신의 뜻에 맡기기로 했다. 친구 역시 자신의 신과 나를 굳게 믿는다며 앞장서 걸었다. 묵묵히 내 뜻을 따라 주는 친구의 마음이 눈물겹도록 고마웠다.

나는 먹는 것을 삼갔다. 심장의 부담을 줄이기 위해서다. 평소의 경험에서 얻은 지혜다. 식사 대신 소화에 무리가 가지 않는 사탕과 물로 근근이 에너지를 보충했다. 그렇게 15시간이 걸렸다. 무척 힘이 들었다. 무엇을 바라고 이리 힘든 고행을 하고 있는 것일까. 누가 시킨 일이라면 이렇게 할 수 있을까.

힘을 빼고 땀을 흘리고 나면 홀가분해질 것 같은 마음이 도로 제자리이면서도 자꾸 이런 길을 택하곤 한다. 그렇게나마 마음의 통증을 삭이며 살았던 것은 아닐까.

함께해준 친구가 있었기에 이 어려운 산행을 마칠 수 있었다. 불안한 부담감을 안고도 마음 자락 펴 준 친구에게 감사하다.

전라북도에 걸쳐있는 백두대간

(지리산 천왕봉에서 민주지산 삼도봉까지 - 약 160여 키로)

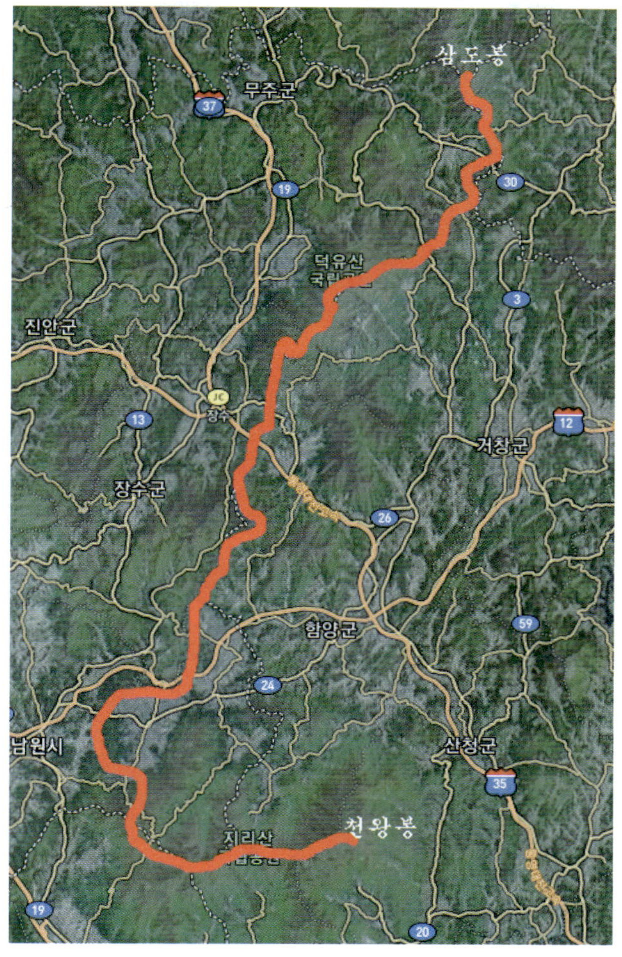

지리산과 덕유산에 주로 피는 야생화

김재희 수필집

하늘밥

인쇄 2019년 8월 7일
발행 2019년 8월 14일

지은이 김재희
발행인 서정환
펴낸곳 수필과비평사
주소 서울시 종로구 삼일대로 32길 36(익선동 30-6 운현신화타워 빌딩) 305호
전화 (02) 3675-3885 (063) 275-4000 · 0484
팩스 (063) 274-3131
이메일 shina2347@naver.com essay321@hanmail.net
출판등록 제300-2013-133호
인쇄 · 제본 신아출판사

ISBN 979-11-5933-230- 2(03810)
값 13,000 원

이 도서의 국립중앙도서관 출판예정도서목록(CIP)은 서지정보유통지원시스템 홈페이지(http://seoji.nl.go.kr)와 국가자료종합목록 구축시스템(http://kolis-net.nl.go.kr)에서 이용하실 수 있습니다. (CIP제어번호 : CIP2019030949)

Printed in KOREA

이 책은 지역문화예술육성지원사업의 지원을 받았습니다.